Volker Schönherr
Die Geschichte des Niederrheins

Reihe »Niederrhein erleben«

Volker Schönherr

Die Geschichte des Niederrheins

Von den Römern bis heute

Mercator-Verlag

Die Deutsche Bibliothek –
CIP-Einheitsaufnahme
Schönherr, Volker:
Die Geschichte des Niederrheins:
von den Römern bis heute / Volker Schönherr. –
Duisburg: Mercator-Verlag, 1998
(Niederrhein erleben)
ISBN 3-87463-258-X

Titelbild:
Xanten mit Archäologischem Park
(Foto: Holger Klaes)

© Copyright 1998 by
GERT WOHLFARTH GmbH
Verlag Fachtechnik + Mercator-Verlag, Duisburg
ISBN 3-87463-258-X

Inhaltsverzeichnis

I. Einheit in der Vielfalt: Der Niederrhein

„Die Initiativen, den gesamten Niederrhein ab der Kölsch/Altbier-Grenze, sprich Dormagen, kulturell als Gesamtheit darzubieten, sind der historisch erstmalige Versuch, Ansätze zum Bewußtsein einer sich bisher kaum als Einheit empfindenden Region Niederrhein zu finden."
(Horst Morgenbrod, 1997)

Im Frühjahr des Jahres 1996 veranstaltete die Duisburger Gerhard-Mercator-Universität in Zusammenarbeit mit dem in Moers ansässigen Verein „Kulturraum Niederrhein" eine Ringvorlesung, deren Gegenstand der Niederrhein in seiner kulturgeschichtlichen Entwicklung bis zum 18. Jahrhundert war.

Der Charakter dieser Veranstaltungsreihe – die Einzelvorträge fanden in verschiedenen Volkshochschulen der Kreise Wesel, Kleve und Viersen statt – und die anschließende Publikation der Beiträge hatten zur Folge, daß sich nun eine breite Öffentlichkeit mit dem Problem einer wie auch immer gearteten niederrheinischen Zusammengehörigkeit auseinandersetzte.

Die Frage: „Wo fängt der Niederrhein an, respektive, wo hört er auf" durchzog die Ringvorlesung wie eine rote Schnur und konnte definitiv nicht beantwortet werden.

Mit dem vorliegenden Buch wird kein Anspruch erhoben, nun ein ultimatives Lösungsmodell zu etablieren; vielmehr handelt es sich hier um einen Versuch, die Geschichte im nördlichen Rheinland zu skizzieren und dem Leser das Urteil zu überlassen, inwieweit eine Einheit im niederrheinischen Raum trotz verschiedener historischer Entwicklungen vorhanden ist.

Versuch einer Definition: Was ist der Niederrhein?

In den letzten zwei Jahrzehnten, verstärkt aber seit der Mitte der achtziger Jahre, wurde der Niederrhein von seinen Bewohnern „entdeckt", wobei der in Duisburg ansässige Mercator-Verlag hier schon seit langem durch zahlreiche Publikationen identitätsstiftend wirkte.

Nie zuvor gab es eine ähnliche Menge an Niederrhein-Literatur; nie zuvor wurde – öffentlich und in Seminaren – diskutiert, ob und inwieweit es ein niederrheinisches Identitätsbewußtsein gibt und wie dieses, wenn vorhanden, sich äußert.

Dabei sind durchaus zahlreiche Irritationen darüber festzustellen, wie weit der Niederrhein geografisch reicht, welche Bevölkerungsgruppen er einbezieht beziehungsweise ausklammert. Der Duisburger Historiker Claus Bussmann hat in seinem 1996 gehaltenen Vortrag mit dem bezeichnenden Titel „Gibt es Niederrheiner?" sich widersprechende Definitionen über Begrenzung des niederrheinischen Raumes zusammengetragen: „Niederrhein" wird wahlweise als „Nordrhein" – in Abgrenzung zu Westfalen und den Nachbarländern begriffen; als eine Region, die nördlich von Aachen und Köln beginnt und hinter Kleve an der niederländischen Grenze endet, oder als ein Rumpfgebiet, das lediglich die Kreise Kleve und Wesel sowie die Stadt Duisburg umfaßt.

Die letzte These greift freilich hinsichtlich des historischen Blickwinkels zu kurz. Seit Gründung der Colonia Claudia ara Agrippinensium (Köln), die wenig später zum Zentrum der neugeschaffenen Provinz Niedergermanien wurde, stand der gesamte nordrheinische Raum unter dem alles dominierenden Einfluß dieser „niederrheinischen Metropole" (Franz Petri).

Der mittelalterliche Expansionsdrang des Kölner Erzstifts kam in der Schlacht von Worringen (1288) zum Erliegen, und somit wurde eine nordwestdeutsche Großmacht verhindert. Das hatte zur Konsequenz, daß die einzelnen Territorien im Westen auf Kosten des Erzbistums erstarkten und sich kulturell – hier sind Kleve und Geldern zu nennen – eher dem angrenzenden nordwestlichen Raum um Brabant und Holland zuwandten. Jedoch gab es auch weiterhin enge Beziehungen zu Köln. So waren die Moerser Grafen bis in die frühe Neuzeit einflußreiche Berater der Erzbischöfe und nahmen politisch auf Reichsebene einen Einfluß, der für solch kleine Territorialherren äußerst bemerkenswert war. Seitdem im 17. und 18. Jahrhundert das aufstrebende Preußen nach und nach den Besitz der niederrheinischen Territorien erlangte, wurde die regionale Zersplitterung allmählich überwunden. Die zwanzigjährige französische Herrschaft (1794-1814) führte zu einer weiteren regionalpolitischen Rationalisierung des vormaligen Flickenteppichs, an die Preußen in der Folgezeit nahtlos anknüpfen konnte.

Im Jahr 1815 wurde die nördliche preußische Rheinprovinz zwischen Bonn und Kleve unter dem bezeichnenden Namen „Jülich-Kleve-Berg" geschaffen, die sieben Jahre später dann mit dem südlich angrenzenden sogenannten „Großherzogtum Niederrhein", das ebenfalls in preußischem Besitz war, vereinigt wurde. Bis zum Ende des Zweiten Weltkrieges existierte diese Verwaltungseinheit.

Mit dem neugeschaffenen Bundesland Nordrhein-Westfalen wurden die Karten neu gemischt; der Niederrhein, d.h. der alte, vielfältige Kulturraum zwischen Köln, Nordeifel und Kleve, der territorial seit nunmehr zweihundert Jahren eine Einheit mit dem südlichen Rheinland bildete, trennte sich von diesem und ging als nordrheinischer Bestandteil naht- und problemlos im neuen Land auf. Sein Selbstverständnis und seine vielfältigen Kulturbande – insbesondere ins westeuropäische Ausland – werden in einem Europa der Regionen mehr denn je hinterfragt. Die Euregionen Rhein-Maas (Nord) und Rhein-Waal sind hierbei in Zukunft wichtige, grenzüberschreitende Eckpfeiler.

II. Die Anfänge

„Sollten, was die Götter verhindern mögen,
die Römer aus dem Land getrieben werden,
was wird dann anderes entstehen als Kriege aller
Völker gegeneinander? Im Laufe von achthundert
Jahren haben Glück und Manneszucht dieses
Staatsgefüge errichtet, das nicht zerstört werden
kann ohne Verderben der Zerstörer; aber euch
droht die größte Gefahr, die ihr Gold und
Reichtum besitzt: die wichtigsten Kriegsgründe.
Daher liebt und ehrt den Frieden und die Stadt,
an der wir, Besiegte und Sieger, gleichen
Rechtsanteil haben.“

(Tacitus, Rede des Cerialis
vor Kampf gegen Civilis im Bataveraufstand,
Historien Buch IV, 74)

Kelten, Römer und Germanen

Der Niederrhein ist eine uralte Kulturlandschaft.

Schon vor der ersten schriftlichen Fixierung – Cäsar erwähnte in seinem Werk Bellum Gallicum (51 v Chr.) die seinerzeit ansässigen Stämme – gab es in dieser Region einen reichhaltigen kulturellen Fundus, wie die archäologischen Bemühungen der letzten hundert Jahre erwiesen. Demnach existierte lange vor dem Auftauchen der Römer eine interessante kulturelle und ethnische Binnengliederung am unteren Rhein. Die Niederrheinische Grabhügelkultur ist die

archäologisch faßbare Hinterlassenschaft von Menschen der jüngeren Bronze- und Eisenzeit. Das Gebiet dieser Kultur umfaßte den nördlichen Niederrhein sowie die südlichen Niederlande bis zum Rhein-Maas-Delta. Innerhalb dieses Gebietes wurde am Hülser Berg bei Krefeld zwischen 1908 und 1911 die bisher einzige eisenzeitliche Siedlung am Niederrhein gefunden. Noch heute ist der halbkreisförmige Wall mit seinen zwei vorgelagerten Gräben sichtbar. Hingegen war die südwestlich angrenzende niederrheinische Börde von der Urnenfeldkultur sowie der Hallstatt- und der Latènekultur geprägt und somit Bestandteil der südlichen Hunsrück-Eifel-Kultur.

Die Ankunft der Römer bedeutete für den nordwesteuropäischen Raum eine radikale Veränderung und eine bis dato unbekannte zivilisatorische Dynamisierung. Mit Cäsar ging die Prähistorie in unserer Region zu Ende. Der römische Feldherr gelangte während des Gallischen Krieges (58-51 v. Chr.) an den Rhein, der nach der Zerschlagung der Unabhängigkeit keltischer Stämme neue Grenze des römischen Reiches wurde.

Nach Cäsars eigener Beschreibung war das niederrheinische Gebiet auf beiden Seiten bereits von germanischen Stämmen besiedelt. Die um ihre Unabhängigkeit kämpfenden Eburonen, ein im Maasland und am Niederrhein ansässiger keltischer Stamm, griffen unter der Führung ihres Häuptlings Ambiorix 54 v. Chr. fünf Kohorten im Winterlager Aduatuca an der Maas an. Kaum ein Eburone überlebte die nun folgenden Kampfhandlungen. Nahezu der gesamte Stamm wurde bis zum Jahre 53 v Chr. durch Cäsars Legionen vernichtet, lediglich der glücklose Häuptling Ambiorix entkam auf die andere Rheinseite. Mit der nun folgenden Unterwerfung der Menapier war der Widerstand der nordkeltischen Belgen gebrochen.

Nach der Vernichtung der Eburonen rückten Germanenstämme wie die Tungerer und Ubier in das ehemals keltische Siedlungsgebiet vor.

Ferner gelangten seit 56 v. Chr. aus Innergermanien die Usipeter, Tenkterer und Sugambrer an den Rhein. Weiter nördlich – in der gelderländischen Betuwe – siedelten nunmehr die Bataver.

In der frühen Kaiserzeit wurde die Rheingrenze durch den Ausbau von Militärlagern und Kastellen gesichert; der niedergermanische Limes, mit dessen Bau wahrscheinlich schon unter Tiberius begonnen wurde, beendete defintiv die Phase der Expansion.

Seit der verlorenen Varus-Schlacht im Teutoburger Wald (9 n. Chr.) rückten die römischen Befehlshaber vom Plan ab, die Elbe als dauerhafte Reichsgrenze zu halten.

Unter Tiberius wurden links des Rheins zwei Militärbezirke von der Provinz Gallia Belgica abgetrennt. Diese neugeschaffenen Militärverwaltungsbezirke erhielten unter Domitian den Status von Reichsprovinzen: Nieder- und Obergermanien (Germania inferior, Germania superior).

Niedergermanien, das vom Mündungsdelta bis Remagen reichte, wurde mit zahlreichen Kastellen bestückt. Nimwegen, Xanten, Asberg, Gellep, Neuss, Dormagen und Bonn nahmen hier ihren Ursprung. Die Hauptstadt der neugegründeten Provinz wurde die von Claudius im Jahre 50 n. Chr. gegründete colonia Claudia ara

Caelius-Stein von Xanten. Der Offizier nahm an der Varusschlacht (9 n. Chr.) teil, wo er zusammen mit seinen beiden Burschen den Tod fand.

Agrippinensium (CCAA): Köln, bis heute die rheinische Metropole. Neben Köln war die unter Kaiser Trajan (98-117) entstandene colonia Ulpia Traiana- CVT (Xanten), die als Kolonie auch regionales Verwaltungszentrum war, einzige Stadt mit römischer Rechtsordnung und kommunaler Selbstverwaltung. Alle übrigen römischen Orte zwischen Nimwegen und Bonn blieben als Civitates den mit römischen Recht ausgestatteten Zentren untergeordnet.

Die römische Präsenz und die dauerhafte Zugehörigkeit zum Imperium führte am Rhein zu einem nie gekannten zivilisatorischen Aufschwung. Der Ausbau von Militär- und Fernverkehrsstraßen sorgte für eine wirtschaftliche Blütezeit. Kastelle, Civitates und Coloniae verfügten über urbanen Komfort wie Wasserleitungen, Bäder und Zentralheizungen; die Versorgung der Bevölkerung garantierten die villae rusticae des Umlandes – große Hofanlagen mit produktivsten Anbaumethoden, allerdings kleiner als im Mittelmeerraum, die als Wirtschaftseinheiten autark waren. Industrie und herausragendes Kunsthandwerk bezeugten den kulturellen und wirtschaftlichen Aufschwung. Das römische Verkehrsnetz war äußerst komplex. Ergänzend zu den Wasserstraßen und dem Rhein als pulsierender Wirtschaftsader entstanden gepflasterte Fernhandelswege, die zum Aufstieg von Oppida (= Landstädten) wie Aachen, Jülich, Zülpich und Neuss führten.

Erstmals wurde eine andauernde Friedensepoche am Niederrhein nach Neros Tod (68) erschüttert. Vitellius, der in Köln ansässige Befehlshaber der Provinz Niedergermanien, brach als Thronprätendent nach Rom auf. In den innenpolitischen Wirren des Vierkaiserjahres kam es auch an der Rheingrenze zu militärischen

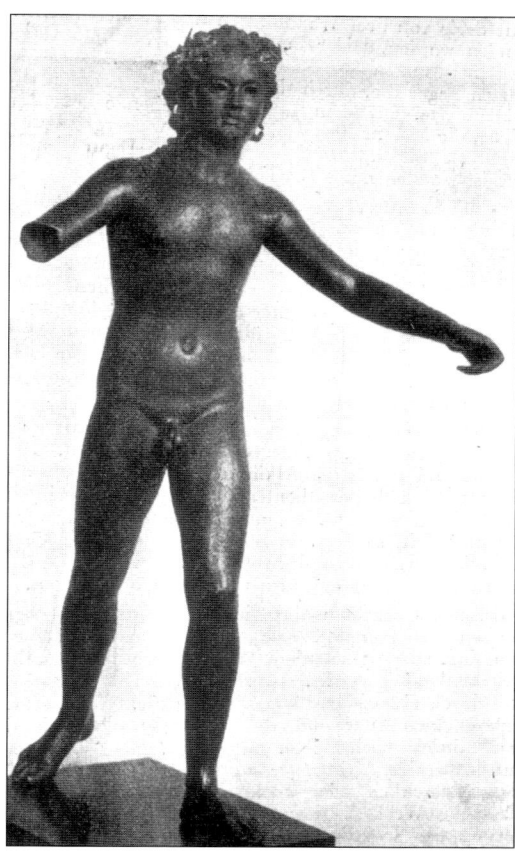

Der „Lüttinger Knabe" in Lüttingen (Xanten) ist ein Paradebeispiel für die hochentwickelte antike Bildhauerkunst am Niederrhein.

11

Auseinandersetzungen. Während des Bataver-aufstandes versuchte Civilis, als Anführer der Bataver und Cugerner (= Sugambrer) den offenen Bruch mit Rom. Zahlreiche Kastelle wurden vernichtet, doch sehr schnell nach der Konsolidierung der flavischen Herrschaft unter Kaiser Vespasian brach die Erhebung zusammen (70 n Chr.). Der römische Historiker Tacitus schilderte die niederrheinischen Ereignisse im vierten Buch seines Werkes „Historien", das leider nur noch fragmentarisch vorhanden ist.

Nach dieser militärischen Auseinandersetzung setzte eine Phase der Stabilität ein, die dem unteren Rhein 150 Jahre Frieden bescheren sollte.

Spätantike und Völkerwanderung

Das dritte nachchristliche Jahrhundert war geprägt durch eine allgemeine Reichskrise und den zunehmenden Verfall der römischen Zentralgewalt.

Die Spätantike, gekennzeichnet durch einen allgemeinen kulturellen Niedergang, aber auch durch einen religiösen Umbruch löste die Zeit, die man mit der römischen Klassik verbindet, ab. Das Christentum erstarkte und setzte sich zunehmend bei breiten Bevölkerungsschichten durch. An der Nordgrenze gerieten die Truppen zunehmend unter Druck. Auslöser waren neue germanische Stammesverbände wie die 213 erstmalig erwähnten Alemannen und Franken. Die 150jährige Stabilität war vorüber.

Ab der ersten Hälfte des dritten Jahrhunderts bezeugen Münzfunde militärische Einfälle am

niedergermanischen Limes. Im Jahre 259 verwüsteten alemannische Verbände große Teile der Germania inferior. Postumus, der ein Jahr später in Köln zum Gegenkaiser erhoben wurde, von wo aus er das gesamte Westreich zwischen dem Rhein und Gibraltar regierte, er trotzte erfolgreich die Wiederherstellung der Stabilität, die jahrzehntelang dauerte.

Unter Kaiser Konstantin folgte sogar eine vorübergehende Phase der militärischen Expansion. Um seine Macht zu demonstrieren, ließ er im Jahr 310 zwischen Köln und Deutz eine feste Brücke bauen. Die Moselmetropole Trier wurde Kaisersitz und war für einige Jahre die wichtigste Stadt der westlichen Reichshälfte.

Um gegen die in der Mitte des 4. Jahrhunderts in zunehmendem Maße einsetzenden Angriffe germanischer Stammesverbände gewappnet zu sein, waren die Römer nun auf die Hilfe germanischer Föderaten angewiesen, die im Hinterland zur Reichsverteidigung angesiedelt wurden. Immer mehr Germanen gelang eine Militärkarriere im römischen Dienst, schließlich stellten sie als Heeresmeister die militärische Führung.

Nach der endgültigen Reichsteilung (395) unter Theodosius und der Verlegung der westlichen Hauptstadt von Trier nach Mailand wurden immer mehr römische Truppen vom Rhein abgezogen.

Der vandalische Heeresmeister Stilicho rückte mit dem Großteil der Legionen von Köln nach Mailand (401), um Italien gegen gotische Angriffe zu verteidigen. Das nun entstandene Machtvakuum nutzten fränkische und burgundische Verbände, die die blühenden Städte plünderten, auf linksrheinischem Gebiet siedelten und schließlich Teilreiche auf römischem Boden gründeten. Nach dem Tode des letzten großen römischen Heeresmeister Aëtius (454), der die Reichseinheit kurzfristig wiederherstellte, eroberten die Franken Köln, das sie zur dauerhaften Hauptstadt ihres ripuarischen (= am Ufer gelegenen) Teilreiches machten. Die Römerherrschaft am Rhein war damit zu Ende, doch einige Kontinuitäten blieben gewahrt.

Das Christentum, das seit Konstantin Staatsreligion war, wurde von den Franken übernommen.

Die kirchliche Organisation blieb erhalten, die Bischofssitze Trier und Köln – Maternus ist erster historisch nachweisbarer Erzbischof (seit 314) – bestanden weiterhin in den Grenzen der ehemaligen Provinzen Superior und Inferior.

Viele provinzialrömische Familien stellten die Bischöfe, während sich die siegreichen Franken nach und nach taufen ließen und so einen wichtigen Bestandteil der spätantiken Kultur übernahmen und weiterführten.

Maternus, der erste Erzbischof Kölns

III. Das nördliche Rheinland im Mittelalter

*„Die Zeit, während der am Niederrhein
romanische Kirchen gebaut wurden, vom Beginn
des 10. bis gegen die Mitte des 13. Jahrhunderts,
bietet bei näherer Betrachtung keineswegs
ein einheitliches Bild. (...) Die großen Tendenzen
der Zeit sind gewiß nicht am Niederrhein
vorbeigegangen, sie haben ihn kräftig
durchdrungen."* (Gregor Hövelmann,
Niederrheinische Kirchengeschichte, 1965)

Das Frankenreich am Niederrhein

Die fränkische Landnahme ehemals römischen
Gebietes am Rhein war ein Prozeß, der Genera-
tionen dauerte und in dem die ehemaligen Föderaten allmählich von Siedlern zu Staatsträgern
wurden. Die Führung des fränkischen Stam-
mesverbandes lag bei den „reges" – den Königen, die von den Adeligen gewählt wurden.
Diese Könige hatten oft recht unterschiedliche
Interessen, eine einheitliche Führung gab es
vorerst nicht.

Zudem mußten die rhein-maasländischen Franken ihr Gebiet gegen konkurrierende Stämme
behaupten, bevor an eine weitere Expansion zu
denken war. Im Jahre 497 gelang es dem ripuarischen Teilkönig Siegibert, die härtesten Geg-
ner der Franken – die Alemannen – bei Zülpich
vernichtend zu schlagen. Diesen Sieg nahm der
in Tournai residierende salfränkische König

Chlodwig (482-511) zum Anlaß, sich taufen zu
lassen – ein bedeutender Schritt zur Christianisierung des Stammes.

Einige Jahre vorher (486) hatte Chlodwig mit
seinem Sieg über den letzten römischen Heeresmeister Syagrius den Weg zur Ausbreitung der
merowingisch-fränkischen Herrschaft in Galli-
en geebnet. Bis zu seinem Tode gelang es ihm
mit Geschick und beispielloser Skrupellosigkeit,
alle fränkischen Teilkönige nach und nach zu
beseitigen und ein einheitliches Reich unter seiner Herrschaft aufzubauen.

Seine Söhne gliederten das Merowingerreich in
Reichsteile, wobei das im äußersten Nordosten
liegende Niederrheingebiet mit der Hauptstadt
Köln nunmehr zum neugeschaffenen Reichsteil
Austrasien (= Ostreich) gehörte. Diese durch
Erbteilung entstandenen Reichsteile waren für
die gesamte Merowingerzeit kennzeichnend
und entwickelten sich allmählich zu eigendy-
namischen Teilreichen.

Die nach wie vor existierenden ehemals römischen Civitates wie Xanten, Köln und Nimwegen wurden nun vom Statthalter des Königs,
dem jeweiligen „Grafio" (= Grafen) verwaltet,
der in Personalunion Steuereintreiber, oberster
Richter und Kommandeur des Heersaufgebotes
war. Das grundsätzlich neue Moment der fränkischen Verwaltung waren die „pagi" (= Gaue).
Hierbei handelte es sich weniger um in sich ge-
schlossene politische Landschaften, als um Räu-
me, an deren Spitze ein Graf als königlicher

Stellvertreter stand. Am nördlichen Niederrhein – im Gebiet der hier ansässigen Salfranken – gab es zwischen Nimwegen und Kleve den Düffelgau, an der südlich bei Uedem/Xanten der Hattuariergau angrenzte. Östlich des Rheins, Höhe Duisburg, folgte der Ruhrgau, etwas weiter südlich, beiderseits des Rheins, der Keldach-Gau, der vermutlich nach dem ehemaligen Kastell Gelduba (Gellep) benannt. Westlich davon grenzte zwischen Niers und Maas der Mühlgau an. Im Gebiet der Ripuarier (= Rheinfranken) gab es um die Rheinmetropole herum den Köln-Gau, der östlich vom Deutzgau, südlich von Bonn- und Zülpichgau und westlich von Jülich- und Maasgau begrenzt wurde. Durch dieser Gaueinteilung wurden die fränkischen Adeligen als Lehensleute des Königs an der Herrschaft beteiligt. Ihre Macht wuchs, als ihre Ämter erblich wurden und sie sich einen Herrschaftsbereich schaffen konnten.

Seit der Taufe Chlodwigs gewann die Kirche am Niederrhein immer mehr Einfluß. Ab dem 4. Jahrhundert ist Köln als Sitz eines Erzbischofs bezeugt. Auch Xanten konnte seit der Römerzeit an eine kirchliche Tradition anknüpfen, existierten hier doch die Gräber der Märtyrer Gereon und Victor – letzterer als Drachentöter verehrt –, die als Legionäre vermutlich der Christenverfolgung unter Kaiser Julian Apostata (um 360) zum Opfer gefallen waren. Seit dem 8. Jahrhundert ist hier das Victorstift bezeugt. Im Zuge der um 690 einsetzenden anglo-irischen Mission wurde der linke Niederrhein endgültig christianisiert, bevor Missionare wie Willibrord und Bonifaz versuchten, die östlich und nördlich ansässigen Friesen und Sachsen zum christlichen Glauben zu bekehren. Zum Zwecke der Mission gründete der Mönch Suitbert im Jahre 695 das Kloster Kaiserswerth. Etwas später errichtete der erste Utrechter Bischof Willibrord einen Missionsstützpunkt in Emmerich.

Goldhelm aus dem Grab des fränkischen Fürsten Arpvar von Krefeld-Gellep (Anfang des 6. Jahrhunderts)

Politisch gewann der hohe Klerus immer mehr Einfluß. Unter dem bedeutenden Merowingerkönig Dagobert I (623-639), wurde der Kölner Erzbischof Kunibert (um 590-663), der fränkischer und nicht wie bisher provinzialrömischer Herkunft war, als Regent Austrasiens zum zweitwichtigsten Mann des Gesamtreiches. Unter seiner Ägide wurde die Herrschaft verkirchlicht. Köln und das Niederrheingebiet wurden nun stärker ins Gesamtreich integriert und gewannen zunehmend an Bedeutung.

Während der Karolingerzeit (ab 751) rückte das Land zwischen Rhein und Maas auch geographisch in das Zentrum des fränkischen Reiches. Karl der Große, der zu Weihnachten des Jahres 800 in Rom zum Kaiser gekrönt wurde, ließ die im achten Jahrhundert gegründete Pfalz Aachen weiter ausbauen. In dieser Zeit entstand das Oktogon des Aachener Domes, der bis zum 16. Jahrhundert die Krönungsstätte aller deutscher Kaiser werden sollte. Aachen blieb die Lieblingspfalz Karls des Großen.

Aus wirtschaftlichen und strategischen Erwägungen waren zu Beginn des 8. Jahrhunderts an der Lippe- und Ruhrmündung zwei Königshöfe entstanden: Wesel und Duisburg. Duisburg, wo der wirtschaftlich bedeutende Hellweg Richtung Soest seinen Anfang nahm, diente Karl als Aufmarschzentrum für die jahrelangen Kriege gegen die Sachsen. In schweren Kämpfen unterwarf er diesen Volksstamm und ließ ihre Heiligtümer – die vermutlich bei Münster plazierten Irminsäulen – zerstören. Die westfälisch-sächsische Führung wurde nach ihrer Niederlage auf dem Halerfeld (783) zwangsweise christiani-

siert. Die neu gegründete Abtei Werden an der Ruhr diente Missionaren wie Liudger als Ausgangspunkt für die Christianisierung der Sachsen. Das Frankenreich überschritt nun den Rhein und dehnte sich bis zur Elbe aus.

Karl der Große machte Aachen zum Dreh- und Angelpunkt seiner Politik. Bei seinem Tode (814) umfaßte sein Reich das westliche Kontinentaleuropa zwischen der Elbe und den Pyrenäen inklusive dem italienischen Kirchenstaat. Der Niederrhein war das machtpolitische Zentrum dieses gewaltigen Staates.

Lotharingien, das Zwischenreich

Nach dem Tode Karls des Großen wurde das Reich in zunehmendem Maße von innen geschwächt. Infolge der Erbteilungen kam es zum Streit unter seinen Enkeln, den Söhnen Ludwig des Frommen. Im Zuge dieser Kämpfe entstanden wieder drei Teilreiche. Der linke Niederrhein fiel an das Mittelreich Lothars I., der als ältester Sohn die Kaiserwürde innehatte. Das Gebiet rechts des Rheins wurde dem Herrscher des ostfränkischen Reiches, Ludwig dem Deutschen, zugesprochen. Der dritte erbberechtigte Bruder, Karl der Kahle, erhielt das Westreich, das sich im Groben mit dem gallischen Neustrien deckte. Im Vertrag von Verdun (843) wurde die Reichsteilung rechtskräftig. Nach dem Tode des Kaisers (855) wurde die „Kegelbahn", wie das Mittelreich, das sich von der Nordsee zum Mittelmeer erstreckte, aufgrund seiner fehlenden Ost-West-Ausdehnung und daraus resultierenden strategischen Schwäche genannt wird, noch einmal dreigeteilt. Das alte fränkische Kerngebiet an Rhein und Maas fiel nun mitsamt Friesland und Elsaß an Lothar II.; sein Herrschaftsbereich ging unter dem Namen Lotharingien (Lothari regnum = Reich des Lothars) in die Geschichte ein.

Die prekäre Situation, in der sich das Niederrheingebiet und Friesland als Konsequenz der Teilungen und zunehmenden Schwäche der Herrschaft befanden, schilderte der Mönch Gerward, der als Parteigänger Lothars und zeitweiliger Hofkaplan nach wie vor gesamtfränkisch dachte, in den Xantener Annalen. Diese fixierten den Zeitraum zwischen 831 und 860 schriftlich und wurden nach Gerwards Tod von einem Kölner Geistlichen fortgesetzt. In der zweiten Hälfte des 9. Jahrhunderts begannen auch die Normannenüberfälle, die für nahezu ein halbes Jahrhundert ganz Westeuropa erschüttern sollten. Unter dem dänischen Herrscher Rorik drangen die „Nordmänner" erstmals im Jahr 863 bis weit in das fränkische Kernland vor. Sie verwüsteten in diesem Jahr Xanten und Neuss. Hier lagerten sie, bis die fränkischen Teilherrscher sie mit vereinten Kräften zurückschlagen konnten. Doch die Raubzüge und Zerstörungen rissen nicht ab. Bis zum Ende des Jahrhunderts wurden die niederrheinischen Städte Xanten, Kaiserswerth, Neuss, Köln, Aachen sowie Bonn mehrfach von den Normannen heimgesucht. Den Normannen kam die innere Schwäche der fränkischen Zentralgewalt in den drei Teilreichen zugute. So wurde im Jahre 883 auch der in der späten Me-

rowingerzeit gegründete Königshof Duisburg gebrandschatzt. Zum Schutz des Hellwegs ließ Heinrich I. im beginnenden 10. Jahrhundert an der Ruhr Sperrfestungen wie die Burg Broich bei Mülheim errichten.

Als Lothar II. im Jahr 870 ohne Erben starb, wurde das Mittelreich erneut geteilt. Im Vertrag von Meersen ging der Großteil Lothringens in den Besitz des ostfränkischen Reiches über. Dem französischen Karolinger Karl dem Einfältigen gelang es zwar, Lothringen dem westfränkischen Reich einzuverleiben, doch das blieb ein Intermezzo. Seit dem Jahr 925 wurde Lothringen auf Dauer Bestandteil des ostfränkischen Reiches. Der erste sächsische Kaiser, Heinrich I., wandelte das ehemalige Mittelreich in ein Herzogtum. Die Tatsache, daß er sich während seiner Regierungszeit annähernd zwanzig Mal in der Pfalz Duisburg aufhielt, bekundete die wichtige zentrale Lage, die diese ehemalige Grenzregion fortan hatte.

Seinem Nachfolger, dem sächsischen König und späteren Kaiser Otto I., gelang es durch seine Siege über den Lothringer Herzog Giselbrecht bei Birten und Xanten, letzte Zweifel an einer Sonderentwicklung des Rheinlandes zu zerstreuen. Die Bedeutung des Herzogtums wird in der Tatsache erkennbar, daß der Bruder des Kaisers, Bruno I., seit 953 in Personalunion als Erzbischof von Köln und Herzog von Lothringen fungierte. Er erwies sich als überaus fähiger Garant der Stabilität des Reiches. Unter seiner Führung wurde Köln zur größten Stadt des Reiches, was es jahrhundertelang blieb. Außerdem wurde der rheinischen Metropole der Beiname

„sancta" verliehen, den außer ihr nur noch Konstantinopel und Rom führten. Doch auch der nördliche Niederrhein gehörte zum Kernraum des Reiches. Der Enkel Ottos I., Otto III., kam bei Kranenburg im Reichswald zur Welt; die Kaiserpfalz Nimwegen war der bevorzugte Aufenthaltsort seiner Mutter, der byzantinischen Kaiserstochter Theophanu. Die niederrheinischen Franken pflegten noch einige Jahrhunderte ihr regionales Sonderbewußtsein.

Im Laufe des 11. Jahrhunderts verlor das eigenständige Herzogtum Niederlothringen zunehmend auf Kosten der aufstrebenden Territorien Jülich, Kleve, Geldern und Köln an Bedeutung. Lothringen sollte im späten Mittelalter unter burgundischer Führung noch einmal zu altem Glanz auferstehen.

Kirchen, Klöster, Kathedralen

Der früh missionierte Niederrhein verfügt über eine riesige Vielzahl geistlicher Denkmäler, von denen ein großer Anteil auf die Epoche der Romanik zurückgeht.

Seit der Karolingerzeit war die Region kirchenpolitisch zweigeteilt: Das Bistum Utrecht ragte vom Nordwesten in den Hattuariergau hinein; der weitaus größte Teil des Landes zwischen Rhein und Maas gehörte jedoch zum Erzbistum Köln.

Bei den meisten Kirchen, die den Menschen der späten Merowinger- und frühen Karolingerzeit als Bet- und Versammlungsplätze dienten, handelte es sich zunächst um Holzgebäude. Archäologische Grabungen, wie sie beispielsweise in Wesel unterhalb des Willibrordidomes vorgenommen wurden, weisen auf diesen Sachverhalt hin. Im 8. Jahrhundert hatten die Bewohner des Weseler Königshofes hier ein hölzernes Bethaus errichtet.

Solche Kirchen waren im weiten agrarischen Raum zwischen Bonn und Nimwegen überall dort zu finden, wo große Grundherrschaften bestanden. Doch gab es bereits einzelne prägnante und architektonisch bemerkenswerte Sakraldenkmäler. Noch heute besticht das Aachener Münster durch seine stilistische Perfektion. Mit dem Bau des voll erhaltenen Oktogons wurde 786 begonnen; bereits neun Jahre später wurde die Kirche eingeweiht. In ihrem Stil manifestiert sich die karolingische Renaissance, die als kultureller Leitfaden der Epoche ganz bewußt an Traditionen des Römischen Reiches anknüpfte.

Die weitaus meisten romanischen Kirchenbauten befinden sich in Köln. Unter Erzbischof Bruno I., entstanden so bedeutende Kirchen wie das Benediktinerkloster St. Pantaleon, St. Andreas und die markante, am Rhein liegende Kirche Groß St. Martin.

Der Grundstein für das spektakulärste sakrale Bauwerk, den Kölner Dom, wurde im Jahre 1248 gelegt. Auf Geheiß des Erzbischofs Konrad von Hochstaden wurde die Kathedrale im gotischen Stil nach dem Vorbild französischer Königskathedralen konzipiert. Den Heiligen Drei Königen, die sein Vorgänger Reinald von Dassel 1162 von der Strafexpedition Barbarossas als Beute aus Mailand mitbrachte, sollte hier

18

ein würdiger Aufbewahrungsort geschaffen werden. Erst seit dem Jahr 1880 präsentiert sich der Dom mit seinen signifikanten zwei Türmen in der heute bekannten Erscheinungsform.

Auch jenseits der stadtkölnischen Grenzen finden sich auf dem Gebiet des ehemaligen Erzstiftes zahlreiche wertvolle Denkmäler aus Romanik und Gotik.

Ein Juwel spätromanischer Baukunst ist die aus dem Jahr 1209 stammende dreischiffige Neusser St. Quirinus-Basilika, die auf das Vorbild der Kölner Pfarrkirche St. Aposteln zurückgeht.

Auf der Rheininsel Kaiserswerth, heute durch Verlandung rechtsrheinisch gelegen, gab es seit dem Jahr 1050 ein bedeutendes Kanonikerstift. Seine Ursprünge liegen in einem Benediktinerkloster, das um 700 entstand und in dem der angelsächsische Sachsenmissionar Suitbert wirkte.

Ein ebenfalls uraltes benediktinisches Kloster wurde vom Kölner Erzbischof Gero auf einer Erhebung inmitten des niederrheinischen Tieflandes gegründet (974): Es handelt sich um die St. Vitus-Abtei in Mönchengladbach. Dieses Kloster befand sich zur Zeit der Gründung auf dem Gebiet der Lütticher Diözese. Das auf dem Abteiberg stehende Münster stammt aus dem 12. Jahrhundert und ist ein Meisterwerk frühgotischer Baukunst. Ab dem 12. Jahrhundert unterstanden dem Kölner Erzbischof die Archidiakonate von Bonn, Neuss und Xanten. Letzteres hatte große Ausmaße und unterteilte sich in vier Dekanate: Duisburg, Nimwegen, Xanten und Mühlgau; der Mühlgau gliederte sich wiederum in die kleineren Einheiten Süchteln und Straelen-Geldern.

Architektonisches Zeugnis der rheinischen Spätromantik: Die Neusser Quirinus-Basilika

19

Auch in Xanten gab es seit der Karolingerzeit ein Gotteshaus, das auf weitaus ältere Kirchen zurückging. Seine Fundamente und die Reste eines Märtyrergrabes, auf denen sich seit 1213 der doppeltürmige Viktor-Dom erhebt, sind heute durch archäologische Grabungen freigelegt.

Außerdem war das Xantener Stift neben dem Kölner Domstift das mächtigste und reichste Stift im gesamten Erzbistum. Die gewaltige romanische Stiftskirche fiel einer Feuersbrunst im Jahre 1109 zum Opfer. An ihrer Stelle wurde ab der Mitte des 13. Jahrhunderts der gotische Bau errichtet.

In das Victorstift trat zu Beginn des 12. Jahrhunderts ein junger Adeliger namens Norbert, der aus Gennep stammte. Dieser Kanoniker (= Angehöriger eines Kirchenkapitels, dessen Mitglieder nach bestimmten kirchlichen Vorschriften leben) nahm als Hofkaplan am Romzug Heinrich des Fünften teil.

Einige Jahre später schwor er jeglichem weltlichen Leben ab und gründete den Prämonstratenserorden. 1582 wurde der Ordensstifter heiliggesprochen.

Eine hier in der Gegend bedeutende Stiftung dieses Ordens ist das noch heute existierende Kloster Knechtsteden in Dormagen.

Als im Zuge eines neuen kirchlichen Bewußtseins ab 1100 neue Reformorden aus Burgund an den Niederrhein gelangten, entstanden zahlreiche neue Klöster.

Der Xantener Viktordom
(aufgenommen um 1930)

Auf Geheiß des Kölner Erzbischofs Friedrich I. wurde im Jahr 1122 die Abtei Kamp im unwegsamen und sumpfigen Gelände gegründet, auf halbem Weg zwischen Köln und Kleve. Dieses Kloster wurde mit Zisterziensern aus Morimond besetzt, womit erstmals Mitglieder eines Reformordens cluniazensischer Prägung auf Reichsboden Fuß faßten. Die heutige, auf einem ehemaligen Weinberg liegende Abtei wird durch die herrliche Gartenanlage von 1740 dominiert. Friedrich II. von Preußen konnte bei einem Aufenthalt einen Blick auf die Baupläne des Klostergartens werfen, was ihn zum Gartenbau seiner Potsdamer Sommerresidenz inspiriert haben soll. „Niederrheinisches Sanssouci" ist bis heute das Synonym für das Kloster Kamp.

Ein weiteres bedeutendes Gotteshaus der Zisterzienser befindet sich in im Bergischen Land in Altenberg. Die aus dem Jahr 1379 stammende gotische Klosterkirche wird aufgrund ihres prachtvollen Erscheinungsbildes als Altenberger Dom bezeichnet.

Auch andere neue religiöse Bewegungen ließen sich in der Region nieder:

Die Karmeliter, Franziskaner und Dominikaner (besonders am unteren Niederrhein, in Kleve, Wesel, Geldern und Kalkar), und seit dem Spätmittelalter die aus Flandern kommenden Beginen, bei denen es sich um eine religiöse Frauengenossenschaft handelte, die ohne Gelübde gemeinschaftlich lebte (in Xanten, Straelen, Alde-

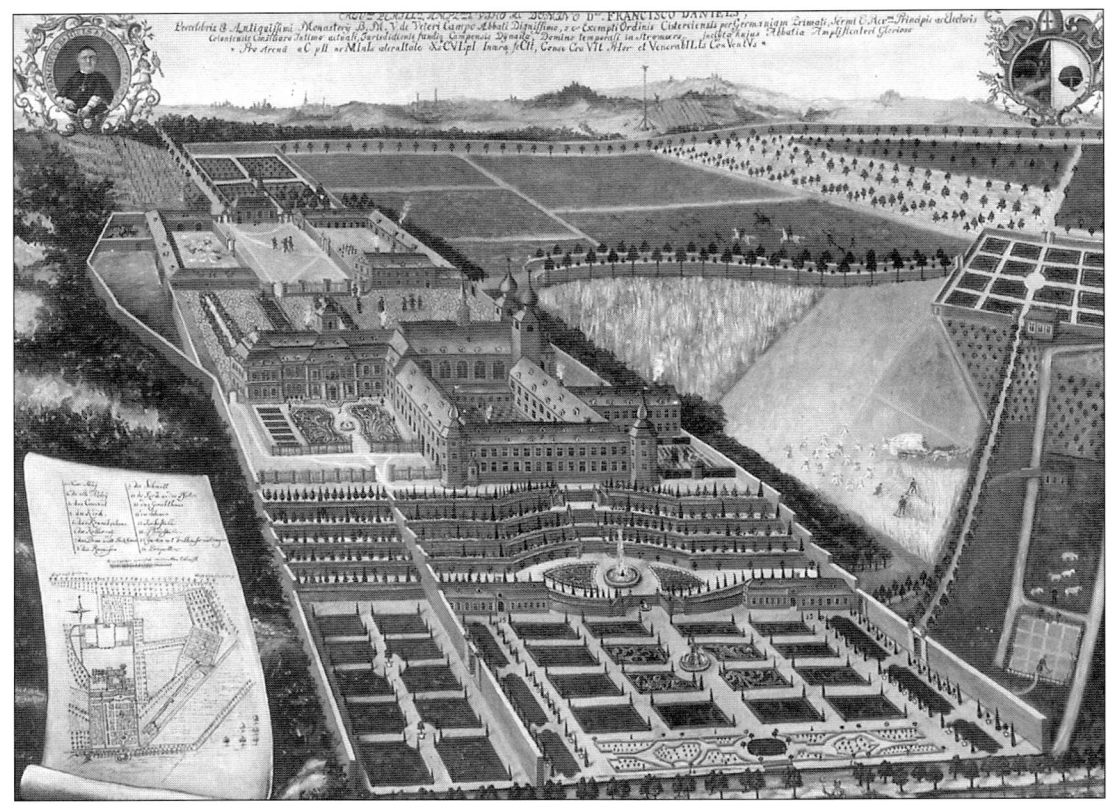

Niederrheinisches Sanssouci: Kloster Kamp im Jahre 1747

kerk, Rumeln, Hüls), sind einige dieser Bewegungen, die hier Fuß faßten. Im Zuge der neuen Frömmigkeit wurden diese Orden von den Landesfürsten wie den Klever und Gelderner Grafen gefördert.

Mit der „Devotio Moderna" (= neue Frömmigkeit) und ihrem Vordenker Thomas von Kempen ging vom Niederrhein eine Bewegung aus, die Vorreiter der zeitlich nahtlos anknüpfenden Reformation sein sollte.

22

IV. Die niederrheinischen Territorien

„Inzwischen hatten sich mit den rheinischen Grafschaften Brabant, Kleve, Geldern, Limburg, Berg und Jülich (...) Machtzentren entwickelt, die den territorialen Bestrebungen der Kölner Erzbischöfe tatkräftigen Widerstand entgegensetzten. Nach Engelberts Tod waren dessen Nachfolger in endlose Streitigkeiten mit diesen aufstrebenden Herrschaften verwickelt, bis schließlich 1288 in der Schlacht von Worringen die Hegemonialpolitik der Erzbischöfe in Rheinland und Westfalen endgültig gebrochen wurde." (Jörg Engelbrecht, 1994)

Das Erzstift Köln

Kurköln, wie das Erzstift ab 1356 aufgrund der von Kaiser Karl IV. in der „Goldenen Bulle" verliehenen kurfürstlichen Würde des erzschöflichen Landesherrn auch bezeichnet wird, war bis zu seiner Auflösung (1801) trotz zunehmender Schwäche und Gebietsverlusten das größte und bedeutendste Territorium am Niederrhein. Sein Gebiet erstreckte sich auf einer Länge von ca. 160 km von Andernach bis Rheinberg.

Seit dem ersten Drittel des 12. Jahrhunderts ist seitens der Kölner Erzbischöfe ein Streben nach dem Ausbau der territorialen Herrschaft feststellbar. Friedrich I., der Gründer der Kamper Zisterzienserabtei, machte hier den Anfang. Im Jahre 1151 wurde dem Kölner Erzbischof dauerhaft die rheinische Herzogsgewalt von König Konrad III. übertragen. Unter Erzbischof Philipp von Heinsberg fiel 1180 das südliche Westfalen (Sauerland), das bis dato in welfischem Besitz war, dauerhaft an das Kölner Erzstift. Es war nun die dominierende niederrheinische Macht.

Doch innerhalb der rheinischen Metropole entwickelte sich eine Eigendynamik, die darin gipfelte, daß der Kölner Landesherr schließlich vertrieben wurde. Bereits im 11. Jahrhundert hatten selbstbewußte Kölner Bürger und Kaufleute den Aufstand geprobt. Damals (1074) obsiegte noch der Landesherr, Erzbischof Anno, der einige Jahre vorher (1062) in die Reichspolitik eingegriffen hatte, indem er sich im Staatsstreich von Kaiserswerth des jungen Königs Heinrich IV. bemächtigt und auf der Rheininsel als Geisel gehalten hatte.

In der Schlacht von Worringen (1288) entschieden die Kölner Kaufleute den seit 200 Jahren schwelenden Konflikt zu ihren Gunsten; der unterlegene Kurfürst, Siegfried von Westerburg, wurde dauerhaft aus der Stadt vertrieben. Das faktisch nun vom Landesherrn unabhängige Köln wurde erst 1475 nominell „Freie Reichsstadt". Der wirtschaftlichen Entwicklung tat dies jedoch keinen Abbruch. Köln war und blieb während des späten Mittelalters und der frühen Neuzeit die bedeutendste Handelsmetropole und die größte Stadt des Reiches. Doch die Entscheidung bei Worringen markiert einen zweiten, für die Entwicklung der Territorien wichtigeren Wendepunkt: Die Hegemonie der Erzbischöfe, die ein nordwestdeutsches Großterritorium unter ihrer Führung schaffen wollten, war definitiv beendet.

Auf Kosten Kurkölns wurden die siegreichen benachbarten Territorien Brabant, dessen Territorium um die Grafschaft Limburg vergrößert wurde, Jülich, Berg, daneben aber auch Kleve

Die Schlacht von Worringen (1288)

und Geldern künftig gestärkt. Der Weg zum Ausbau der niederrheinischen Territorien war nun frei geworden.

Bezeichnenderweise erhielt ein unbedeutendes Fischerdorf im Bergischen, kurz nach der Schlacht von Worringen (1288) vom bergischen Grafen die Stadtrechte verliehen, um seine Bewohner für die geleistete Tapferkeit zu belohnen: Es handelt sich um Düsseldorf.

Jülich und Berg

Im Westen und Nordwesten wurde Kurköln von Jülich flankiert. Das Jülicher Land wurde seit ungefähr 1100 von Grafen regiert, die den alten Jülichgau zunächst als Lehnsleute des Erzbischofs Kölner leiteten. Hauptstadt war die ehemalige Civitas Juliacum, die auf dem alten römischen Wirtschaftsweg zwischen Aachen und Köln lag. Im Laufe des Mittelalters gelang es den Jülicher Grafen nach und nach, Freiräume ihres Lehnsbereichs gegenüber dem Kölner Erzbischof geltend zu machen.

Nach 1288 wurden die Bemühungen, ihre Herrschaft auch durch Erwerbung und Expansion zu einem geschlossenen und unabhängigen Territorium auszubauen, zunehmend belohnt. Hierbei konnten sie von der anhaltenden Schwäche Kölns profitieren.

Bald darauf wurde dem Jülicher Grafen Wilhelm V. 1336 die Markgrafenwürde verliehen, der damit in den Reichsfürstenstand aufstieg. Kaiser Karl IV. erhob den Grafen schließlich 1356 zum Herzog, womit die Landesherrschaft der Jülicher Dynastie formaljuristisch anerkannt war. Außerdem belehnte der Kaiser das niederrheinische Herrscherhaus im Jahr 1349 mit Ravensberg und Mark. Bis zum Ende des 14. Jahrhunderts konnten die Herzöge ihren Territorialstaat noch um Düren, Sinzig-Remagen und die Herrschaften Valkenburg und Monschau erweitern.

Darüber hinaus übernahm im Jahre 1372 Herzog Wilhelm I. das Gelderner Herzogtum, das nun in Personalunion mit Jülich regiert wurde. Diese Vereinigung bedeutete für die niederrheinische Geschichte jedoch nur ein Intermezzo, das ein halbes Jahrhundert andauern sollte. Nachdem das jülich-geldrische Herrschaftshaus 1423 ausgestorben war, verweigerten sich die einflußreiche geldrischen Stände einer Fortführung dieser Vereinigung.

Stattdessen kam es zum Zusammenschluß der Herzogtümer Jülich und Berg. Parallel zu Jülich entwickelte sich im ehemaligen rechtsrheinischen Deutzgau das bergische Territorium. Ab dem Ende des 11. Jahrhunderts ist die Dynastie der Edlen von Berg nachweisbar, die ihren ursprünglichen Stammsitz in der Nähe von Altenberg hatten. Später residierten sie auf dem Schloß Burg an der Wupper, bevor in der frühen Neuzeit Düsseldorf die neue und endgültige Residenz wurde. Seit der Mitte des 11. Jahrhunderts tauchen Angehörige der bergischen Dynastie auch als Vögte der rheinischen Abteien Siegburg, Werden und Deutz auf. Engelbert I. (1185-1225) war Kölner Erzbischof und Graf von Berg in Personalunion. Von Kaiser Friedrich II. wurde er als Reichsverweser eingesetzt.

Nach einer Auseinandersetzung mit seinem Neffen Friedrich von Ysenburg wurde er bei Gevelsberg ermordet. Später wurde er heilig gesprochen.

Ähnlich wie das Jülicher Stammhaus gelangte das bergische um 1100 in den Besitz des Grafentitels, und wie ihre Jülicher Verwandten standen die Grafen von Berg bei Worringen auf der siegreichen Seite. Infolgedessen konnten sie die Grafschaft im Laufe des 14. Jahrhunderts zu einem großen Territorium ausbauen. Ihr Herrschaftsbereich ragte längs des Rheins von der Sieg bis in das heutige südliche Stadtgebiet von Duisburg, Mülheim und nach Essen-Werden.

Im Jahr 1380 stiegen die Grafen in den Reichsfürstenstand auf und wurden Herzöge.

Beim Aussterben des jülich-geldrischen Herrscherhauses übernahmen die verwandten bergischen Herzöge die Herrschaft zwar nicht in Geldern, dafür allerdings dauerhaft in Jülich. Fortan wuchsen beide Territorien, die in Personalunion regiert wurden, zusammen. Als es im Jahr 1521 zur Ehe zwischen dem Klever Jungherzog Johann und der jülich-bergischen Herzogstochter Maria kam, entstand der bedeutendste Territorialverband Nordwestdeutschlands: Jülich-Kleve-Berg-Mark-Ravensberg.

Geldern

Im Zentrum des Niederrheingebietes liegt die vormalige Grafschaft und das Herzogtum Geldern. Diese Behauptung ist korrekt und trifft den Sachverhalt dennoch nicht präzise.

Die heutige Stadt Geldern und ihr Umland waren zwar das Stammgebiet der geldrischen Dynastie. Jedoch bildeten sich im Laufe der Zeit vier Verwaltungseinheiten von Geldern heraus, von denen drei heute ausschließlich auf niederländischem Boden liegen – „Gelderland" ist eine Provinz des Nachbarlandes. Bei diesen drei Quartieren handelt es sich um Nimwegen, Zutphen und Arnheim.

Lediglich das ehemalige Stammland Obergeldern, auch Oberquartier genannt, gehört heute zum deutschen Staatsgebiet, wobei auch hier einschränkend darauf hingewiesen werden muß, daß im Jahr 1815 ein schmaler Streifen östlich der Maas der niederländischen Provinz Limburg eingegliedert wurde. Das Land wurde geteilt; die Gemeinden Straelen, Wachtendonk, Geldern und nicht zuletzt die geldrische Enklave Viersen blieben bei Preußen und später beim deutschen Nationalstaat. Spricht man von Geldern, trifft deutsche und niederländische Geschichte aufeinander. Obwohl die geldrischen Grafen im Jahr 1288 auf der Seite des Erzbischofs standen, profitierten sie nach Worringen dennoch von seiner Niederlage.

Im Jahre 1339 avancierte auch Geldern zum Herzogtum. Die Übernahme (1371/79) durch das Jülicher Herrscherhaus ging nicht reibungslos vor sich, zumal die geldrische Politik durch die Privilegien und das Selbstbewußtsein der Stände und Bannerherren stets eine Eigendynamik entwickelte.

Der Macht dieser Bannerherren ist es zuzuschreiben, daß es beim Aussterben der jülichischen Dynastie (1423) zu keiner Fortführung der Personalunion unter bergischer Führung kam. Statt dessen lenkte nun das Herrscherhaus Egmont die Geschicke Gelderns.

Als der letzte geldrische Herzog, Karl von Egmont, im Jahr 1538 kinderlos starb, wurden die Karten neu gemischt.

Dank deutlicher Unterstützung durch die geldrischen Stände konnte der Klever Jungherzog Wilhelm V. die Leitung des geldrischen Territorialstaates antreten. Allerdings war seine Herrschaft von Beginn an auf Sand gebaut, da sich der Habsburger Kaiser Karl V. in Rechtsnachfolge Burgunds als legitimer Erbe Gelderns sah. Im Jahre 1543 besiegte er den Klever Herzog und verleibte Geldern seiner habsburgischen Hausmacht ein, was im Vertrag von Venlo ratifiziert wurde.

Von nun an war Geldern integrierter Bestandteil der Spanischen Niederlande, nach dem Ende des Spanischen Erbfolgekrieges (1715) der Österreichischen Niederlande.

Kleve und Moers

Am unteren Niederrhein befinden sich zwei benachbarte Territorien, die im Hinblick auf ihre geografische Größe sehr konträr sind: die Grafschaft Moers und das spätere Herzogtum Kleve. Was jedoch ihre historische Entwicklung und ihre Bedeutung für die niederrheinische Geschichte anbelangt, weisen sie zahlreiche Gemeinsamkeiten auf.

Im Hinblick auf den klevischen Ursprung bestehen noch gewisse Unsicherheiten. Die „Annales

Die Klever Herzöge (nach dem sogenannten Klever Rathausbild) von links sind:
Adolf I. 1417-1448 (von 1394-1417 als Graf Adolf II.), Johann I. 1448-1481, Johann II. 1481-1521,
Johann III. 1521-1539, Wilhelm V., der Reiche, 1539-1592, Johann Wilhelm 1592-1609.

Rodenses" (= Klosterrather Annalen) berichten, daß ein flämisches Brüderpaar, Gerhard und Rutger, seiner Herrschaft beraubt wurde und daraufhin am Niederrhein Fuß faßte.

Rutger wurde Stammvater der Klever, Gerhard der Gelderner Grafendynastie. Um das Jahr 1020 erhielten sie durch Kaiser Heinrich II. jeweils ein Lehen, das aus Gebieten der beiden Reichsgüter Nimwegen und Wassenberg bestand.

Noch im 11. Jahrhundert baute Graf Rutger zwischen Reichswald und Rheinebene an strategisch günstiger Stelle die Residenz Kleve. Auf einem Höhenrücken wurde die Burg, deren Name sich vom Mittelniederländischen „Kleef" (= Klippe, Abhang) ableitet, errichtet.

Trotz enger verwandtschaftlicher, wirtschaftlicher und kultureller Bindungen gab es seit dem Hochmittelalter Konkurrenz zwischen Kleve und Geldern. Als die karolingische Kaiserstadt Nimwegen 1247 durch Eroberung in die Hand Gelderns fiel, erstreckte sich deren Herrschaftsbereich fast bis vor die Tore der Stadt Kleve. Doch kam es hier im Laufe des 14. Jahrhunderts zu weitgehender Entspannung. Das Klever Gebiet reichte, von kleineren Herrschaften unterbrochen, als zusammenhängende Einheit von Gennep (heutige Niederlande) im Nordwesten bis Duisburg im Südosten.

Am Ende des Mittelalters gab es 24 Städte in diesem Territorium, darunter so wirtschaftlich bedeutende wie Rees, Dinslaken, Kalkar und

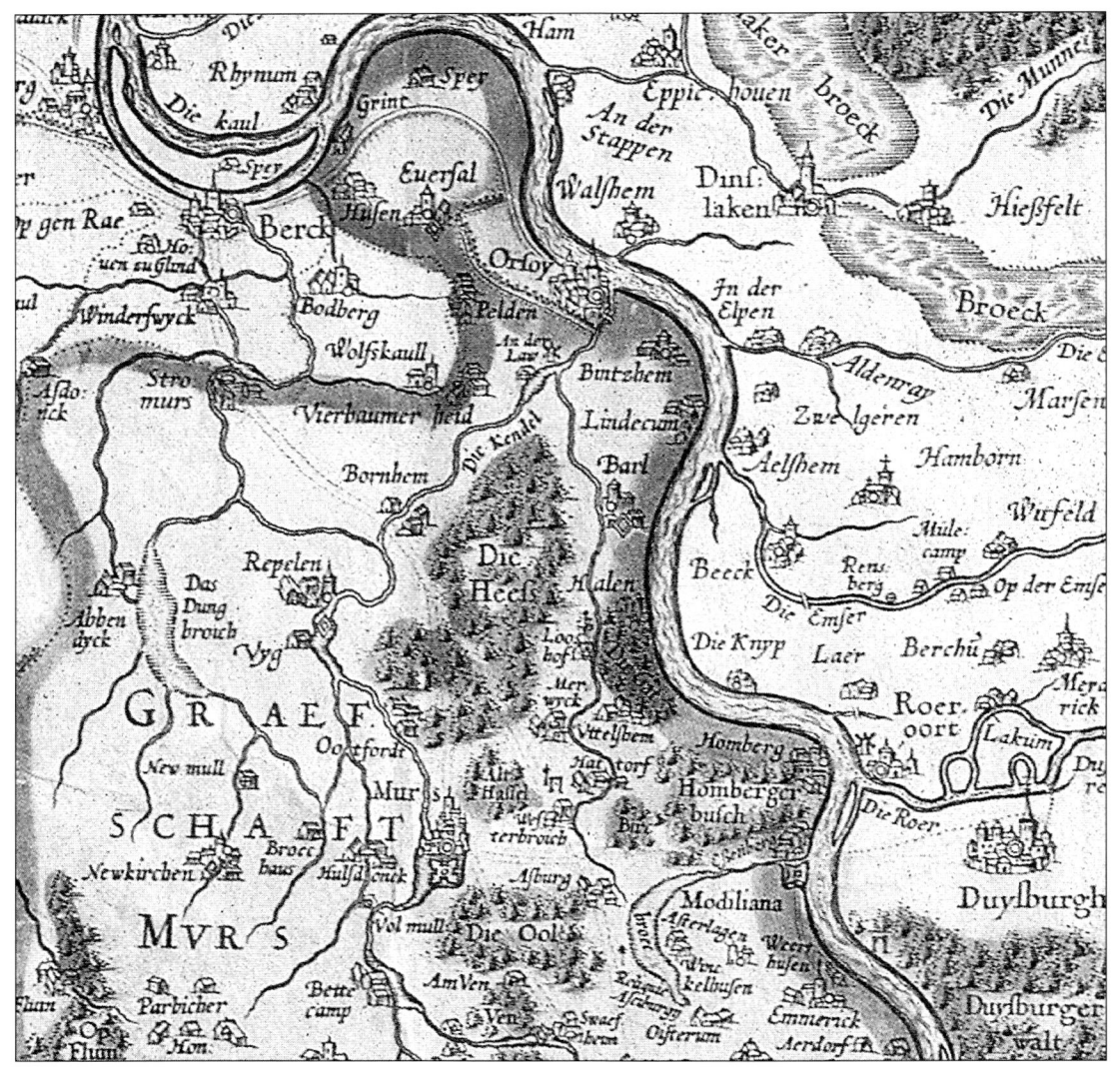

das ehemals geldrische Goch, aber auch das strategisch wichtige Orsoy und nicht zuletzt die rechtsrheinisch gelegenen Hansestädte Wesel, Duisburg und Emmerich. Wesel war im Spätmittelalter eine der bedeutendsten Hansestädte des „Rheinischen Drittels".

Wie fast alle niederrheinischen Länder profitierte auch Kleve als Nutznießer vom Dilemma des Kölner Kurfürsten bei Worringen. Zwar ging im Zuge der Auseinandersetzungen mit dem Kurstaat das Städtchen Linn (1392) an Kurköln verloren, dennoch gelang es Kleve, sein Territorium zu vergrößern. 1332 wurde Xanten annektiert, in der Soester Fehde (1444-1449) ging die Hansestadt Soest mitsamt der Börde vom Kölner in den klevischen Besitz über.

Ferner gelang es den Klever Herrschern, die seit 1417 den Herzogstitel führten, durch eine geschickte Heiratspolitik, ihr Territorium unblutig zu vergrößern.

Als das alte Klever Grafenhaus 1368 ausgestorben war, folgten durch Erbfolge die Grafen von der Mark. Graf Johann I. vereinigte im Jahr 1391 endgültig die westfälische Grafschaft Mark mit Kleve. In der ersten Hälfte des 15. Jahrhunderts öffnete sich das niederrheinische Territorium dann zunehmend nach Westen und lehnte sich politisch, kulturell und dynastisch mehr und mehr an das übermächtige Herzogtum Burgund an.

Zahlreiche Ehen wurden geschlossen. Höhepunkt der erfolgreichen Heiratspolitik war das Zusammenwachsen von Jülich-Berg und Kleve-Mark. Im Jahr 1510 heiratete der Klever Jungherzog Johann Maria von Jülich. Als im Jahr 1521 Johann nach dem Tode seines Vaters in Kleve-Mark die Herrschaft antrat, war das niederrheinisch-bergisch-südwestfälische Konglomerat endgültig unter Führung eines einzigen Herren realisiert.

Ein knappes Jahrhundert sollte dieser Herrschaftsverband Bestand haben, bis er infolge des Jülich-Klevischen Erbfolgestreits wieder in seine Hauptbestandteile zerfiel.

Die wesentlich kleinere Grafschaft Moers spielte trotz ihrer fehlenden territorialen Ausdehnung eine wichtige Rolle in der niederrheinischen Geschichte. Umgeben von den mächtigen Nachbarn Geldern, Kurköln und Kleve, schafften es die Grafen jahrhundertelang, die Eigenständigkeit des Territoriums zu wahren.

Im 13. Jahrhundert waren die Grafen von Moers noch Lehnsleute der Klever Grafen. Der erste Moerser Graf Dietrich (1226-1262) war bereits Landesherr von Krefeld, das als Moerser Enklave von Kölner Gebiet umgeben war. Im Laufe der Zeit ertrotzten sich die Moerser Grafen ihre Unabhängigkeit gegenüber Kleve.

Darüber hinaus gelangten sie durch Erbschaft in den Besitz von Saarwerden (1376). Als die alte Grafendynastie ausstarb, ging das Territorium in den Besitz der Grafen von Wied-Runkel über, später in den Besitz derer von Neuenahr (ab 1519), die hier die Reformation einführten. Im Jahr 1600 fiel die Grafschaft durch Erbfall für ein Jahrhundert an das Haus Oranien, das wiederum von Preußen (1702) abgelöst wurde.

29

Die burgundische Expansion

Der Aufstieg des Herzogtums Burgund, das im Laufe des 15. Jahrhunderts zur Hegemonialmacht in Westeuropa avancierte, prägte die staatlichen Strukturen am Niederrhein nachhaltig. Um die Mitte des Jahrhunderts umfaßte Burgund, dessen Herrscher aus einer Nebenlinie des französischen Königshauses Valois stammten, u.a. Holland, Seeland, den Hennegau, Limburg, Flandern, Brabant, Luxemburg und die Bourgogne.

Kleve, das sich im Verlauf des burgundischen Machtzuwachses sowohl familiär als auch politisch und durch die Übernahme des Hofzeremoniells nicht zuletzt auch kulturell am „großen Bruder" orientierte, geriet in die Gefahr, zu einem Trabantenstaat degradiert zu werden.

Ab Mitte des 15. Jahrhunderts richtete Burgund jedoch sein Hauptaugenmerk auf die südlich angrenzenden rheinischen Territorien, insbesondere auf Geldern und Kurköln.

Dieses Engagement gipfelte schließlich in der militärischen Besetzung der geldrischen Quartiere durch Karl den Kühnen zwischen 1473 und 1477. Geldern war schon vorher in eine territorialpolitische Zwickmühle geraten, da die unmittelbaren Nachbarn Kurköln und Kleve in zunehmenden Maße militärisch in Aktion getreten waren, um ihre Territorien zu vergrößern. In der Münsterischen Stiftsfehde (1450-57) ergriff der geldrische Herzog Arnold Partei für den Kölner Erzbischof Dietrich von Moers und damit gegen Kleve und Burgund. Die gleiche Konstellation hatte es bereits in der Soester Fehde (1448) gegeben, in deren Verlauf Kleve Gebietszuwachs auf Kosten Kurkölns verbuchen konnte.

Burgund entwickelte in den nun folgenden Jahren eine immer offenere militärische Dynamik am Niederrhein.

Das Herzogtum Geldern wurde aufgrund innerer Streitigkeiten zum Objekt der westeuropäischen Großmacht, deren Herzog Karl der Kühne die machtpolitisch originelle Absicht verfolgte, das alte Lotharingien der Karolingerzeit wiederzubeleben. Zugute kam dem Burgunder der schwelende Streit zwischen den geldrischen Städten, dem Landesherrn Arnold und dessen Sohn Adolf. Karl nutzte diese Auseinandersetzung, indem er den Jungherzog gefangennahm (1471).

Ein Jahr später besetzten burgundische Truppen die vier geldrischen Quartiere und hoben trotz massiven Protesten die Privilegien der Städte auf, die stattdessen mit Kriegssteuern belegt wurden. Karl der Kühne ernannte sich eigenmächtig zum Herzog von Geldern und Zutphen und inkorporierte Geldern in das burgundische Staatswesen.

Das niederrheinische Herzogtum unterstand nun der zentralistischen und damit modernen burgundischen Verwaltung.

Einige Zeit später drangen burgundische Truppen in das Kölner Erzstift ein. Doch die Stadt Neuss, die der Kölner Ratsherr Hermann von Weinsberg ein Jahrhundert später als die „vornehmste Stadt" im Kurstaat bezeichnen sollte, widerstand der Belagerung, die sich länger als ein Jahr (1474/75) hinzog, wofür sie als Lohn

Belagerung der Stadt Neuss durch Karl den Kühnen (1474/75). Holzschnitt aus Hans Erkart Tüsch: Die burgundische Historie, Straßburg 1477 (erschienen bei Heinrich Knoblochtzer)

von Kaiser Friedrich III. mit weitreichenden Privilegien belohnt wurde. Die burgundischen Truppen hingegen mußten Kurköln erfolglos verlassen.

Als der umtriebige Herzog Karl 1477 bei Nancy kinderlos fiel, endete die burgundische Herrschaft über Geldern. Doch da nun Burgund vom Geschlecht der Habsburger beerbt wurde, rückte Geldern in das Interesse der nächsten Großmacht. Das Engagement der burgundi-

schen Herzöge bedeutete für Geldern die Vorgeschichte für die endgültige Inkorporation in den Burgundischen Kreis der Habsburgischen Niederlande.

Der Zugriff, der unter Karl dem Kühnen noch scheiterte, sollte seinem Namensvetter und Urenkel ein halbes Jahrhundert später gelingen.

V. Religiöse und staatliche Neuerungen
im Zeichen der Reformation

„Die Mischung der Konfessionen und die sich daraus ergebenden fruchtbaren sozialen Spannungen und wirtschaftlichen Differenzen am Niederrhein und im südlichen Westfalen sind der Kirchenpolitik des Düsseldorfer Hofes im 16. Jahrhundert zu verdanken. Sie weist als konsequent durchgehaltener Versuch, eine Reform der Kirche und des religiösen Lebens (...) zu verwirklichen und die konfessionelle Spaltung zu vermeiden, einen durchaus eigenen Akzent auf.“
(Wilhelm Janssen, 1986)

Geistige Entwicklung in den Territorien

Das Niederrheingebiet war im 16. Jahrhundert nicht nur, was seine territoriale Entwicklung anbelangt, sondern auch im Hinblick auf die religiöse und konfessionelle Entwicklung ein Flickenteppich, wobei es hier starken äußeren Einflüssen, vor allem aus dem Westen, offenstand. Bereits vor Luthers Anschlag der Thesen (1517) erwies sich die Region als fruchtbarer Nährboden für Bewegungen, die auf eine innere Erneuerung der Kirche hinwirkten. Noch blieben diese Bewegungen im Schoße der alten Kirche und stellten die päpstliche Autorität nicht in Frage. Auf breite Resonanz stieß die schon erwähnte „Devotio Moderna“ im nördlichen Rheinland, deren geistiger Vater der Niederländer Geert Groote (1340-84) war. Wichtiger noch war der Einfluß des Thomas a Kempis (1379-1471), dessen Werk „Von der Nachfolge Christi“ von großer Bedeutung für die vorreformatorischen Kräfte am Niederrhein wurde. Seiner im Kölner Niederstift liegenden Heimatstadt Kempen blieb der Vordenker ein Leben lang verbunden.

Die von Thomas vertretene neue Frömmigkeit stellte ein wichtiges Bindeglied zwischen spätmittelalterlicher Mystik und Humanismus dar, der seinerseits für die Reformation von höchster Bedeutung war.

Der Humanismus prägte den geistigen Werdegang der seit 1521 vereinigten Herzogtümer von Jülich, Kleve und Berg nachhaltig. Durch Erasmus von Rotterdam (1496-1536), unter dessen Einfluß die Erziehung des Jungherzogs Wilhelm stand, wurde das neue Gedankengut auf Dauer heimisch. Der aus dem Bergischen Land stammende bedeutende humanistische Gelehrte Konrad von Heresbach (1496-1576) drückte als klevischer Rat dem geistlichen und geistigen Leben in den Herzogtümern seinen Stempel auf.

Als sich nach dem Reichstag von Worms (1521) kirchenpolitische Gräben auftaten, die später in die konfessionelle Trennung mündeten, griffen die Herzöge Johann III. (der Friedfertige) und sein Sohn Wilhelm V. (der Reiche), wie alle anderen Landesherren, aktiv in die Religionspolitik ihres Herrschaftsbereiches ein. Allerdings gab es in den Vereinigten Herzogtümern eine Besonderheit, die reichsweit einzigartig blieb: Die klevischen Landesherren setzten auf Ausgleich und Duldung aller Konfessionen und praktizierten die sogenannte „via media", den Kompromißweg. Sie setzten, modern gesprochen, auf „versöhnen statt spalten." Zwar verblieb Wilhelm V. offiziell beim alten katholischen Glauben, doch im Gegensatz zu allen anderen Ländern, in denen Andersgläubige vom Landesherren, gemäß der 1555 in Augsburg aufgestellten Maxime „cuius regio, eius religio" (= wessen Land, dessen Glauben) verfolgt wurden, lebten Andersgläubige in den Vereinigten Herzogtümern meist relativ unbehelligt. Hierbei sind in erster Linie Calvinisten zu nennen, jedoch gab es auch Lutheraner und im jülichschen Wassenberg sogenannte „Prädikanten", die 1535 nach Münster gingen und dort halfen, die berühmt-berüchtigte Täuferherrschaft zu errichten.

Zwar ließ die liberale und tolerante Haltung des Herzogs in der zweiten Jahrhunderthälfte auf Druck der katholischen Habsburger nach, dennoch gab es für Calvinisten und Lutheraner weiterhin Nischen. Gegen täuferische Gruppen erließ Wilhelm V. 1565 allerdings ein Ketzeredikt.

Als Folge zunehmender Unterdrückung calvinistischer Niederländer durch die Spanier entstanden in klevischen Städten wie Wesel einflußreiche reformierte Exilgemeinden.

Ein weiteres Merkmal skizziert die außergewöhnliche klevische Toleranz und Aufgeklärtheit: während überall im Reich die Scheiterhaufen loderten, wurde hier keine Hexe verbrannt. In diesem Zusammenhang muß der Humanist Johannes Weyer (1515-1578) erwähnt werden, der als Arzt am Düsseldorfer Hof wirkte. Er bekämpfte den Glaubensfanatismus und schrieb ein mutiges Werk „Über die Blendwerke der Dämonen, Zauberer und Giftmischer" (1563) in dem er als erster publizistisch Stellung gegen den berüchtigten „Hexenhammer" und damit gegen den Hexenwahn mit seinen verheerenden Konsequenzen bezog. Von seinem humanistischen Landesherren, Wilhelm V., erfuhr Weyer hierbei die notwendige Unterstützung.

In der Grafschaft Moers gab es ab 1530 eine vom Landesherren eingeleitete Entwicklung, die auf die Einführung der Reformation abzielte. Jedoch ging der Graf bei seinen Bestrebungen, das Bekenntnis für sich und seine Untertanen zu ändern, langsam vor.

Durch seinen Bruder Hermann von Neuenahr, der ein bedeutender Gelehrter war und als Kölner Domprobst und Kanzler der Universität persönliche Freundschaft mit Erasmus pflegte, stand Graf Wilhelm in regem Kontakt zu humanistischen Kreisen.

Im zweiten Drittel des 16. Jahrhunderts befand sich auch das Kölner Kurfürstentum am Rande des Konfessionswechsel. Noch im Jahr 1529 war der aus Wesel stammende Reformator Adolf Clarenbach auf Bestreben der Dominikaner in Köln verbrannt worden. Doch ein gutes Jahrzehnt später wollte Hermann von Wied, der

Graf Hermann von Neuenahr (1520-1578) führte in seinem Moerser Territorium die Reformation ein.

Onkel des Moerser Grafen und amtierende Kölner Erzbischof, aus Überzeugung in das protestantische Lager wechseln. Er führte daraufhin 1542 im Erzstift und im Herzogtum Westfalen ein evangelisches Kirchenwesen ein. Als jedoch die katholische Seite infolge der kriegerischen Ereignisse, die in die Schlacht von Mühlberg (1547) an der Elbe mündeten, erstarkte, war die Lage des protestantischen Erzbischofs unhaltbar. Kaiser Karl V. setzte den 1546 exkommunizierten Hermann von Wied ab; das Erzbistum blieb katholisch. Diese Ereignisse mahnten den Moerser Grafen zur Vorsicht. Erst allmählich kristallisierte sich in der Grafschaft ein evangelisches Kirchenwesen heraus. Graf Hermann von Neuenahr führte im Jahre 1560 mit der Moerser Kirchenordnung die Reformation in Moers, Krefeld und Friemersheim ein. Ähnlich wie in klevischen Städten, fanden in der Folgezeit auch hier Religionsflüchtlinge Zuflucht. Zwanzig Jahre später ersetzte Graf Adolf von Neuenahr die gemäßigte lutheranische Kirchenordnung durch eine calvinistisch gefärbte. Die Grafschaft blieb vorwiegend calvinistisch, als sie im Jahr 1600 durch Erbfall an das holländische Haus Oranien fiel. In kirchlichen Angelegenheiten verfuhren die Oranier äußerst liberal und schufen so ein Klima der Toleranz. Das moersische Krefeld wurde zur religiösen (1607) Freistatt und erfuhr einen ungekannten Aufschwung durch zahlreiche mennonitische und reformierte Glaubensflüchtlinge, die hier die Keimzelle für die spätere Seidenproduktion legten.

Im Gegensatz zu seinen Nachbarn blieb der letzte geldrische Herzog, Karl von Egmont, auch auf die mächtigen Stände gestützt, beim katholischen Glauben. Ihm war es ein großes Anliegen, die katholische Orthodoxie zu verteidigen und die Protestanten von seinem Territorium fernzuhalten, was ihm im Schulterschluß mit seinem Nachbarn, dem Bischof von Lüttich, auch erfolgreich gelang. Vom Papst persönlich wurde Karl von Geldern (1525) zum höchsten Ketzerbekämpfer in seinem Territorium ernannt. Gnadenlos erstickte er reformatorische Tendenzen und bewahrte mit eiserner Faust die Reinheit des katholischen Glaubens. Krasser konnte der geistige Kontrast zum klevischen Nachbarn gar nicht aussehen, als Karl betagt und kinderlos starb und der Klever Herzog, auf die strengkatholischen Stände gestützt, sich anschickte, in Geldern die Macht zu übernehmen.

Habsburg gegen Kleve

Schon zur Zeit des letzten Herzogs, Karl von Egmont, wuchs der Druck der kaiserlichen Hausmachtpolitik auf Geldern. Kaiser Karl V. (1500-1558) sah sich als legitimer Erbe des Burgunderherzogs Karl des Kühnen und erhob Ansprüche auf Geldern.

Doch als Karl von Egmont 1538 starb, trat der Vertrag von Gorinchem (1528) in Kraft, in dem der klevische Jungherzog zum künftigen geldrischen Landesherren bestimmt worden war. Den geldrischen Ständen war es hierbei wieder einmal gelungen, ihre politischen Privilegien und Freiheiten zu bewahren.

Wilhelm V. befand sich auf dem Höhepunkt seiner Macht. Woran der Kölner Erzbischof im 13. Jahrhundert in Worringen noch gescheitert war – eine nordwestdeutsche Hegemonialmacht dauerhaft zu etablieren – schien nun unter klevischer Führung gesichert zu sein. Durch die Ehe der herzoglichen Schwester Anna mit dem englischen König Heinrich VIII. (1540) war Kleve auf dem besten Weg, eine europäische Großmacht zu werden.

Auf Reichsebene war Wilhelm der Reiche jedoch ins Abseits geraten. Der Kaiser sah sich mit Wilhelms geldrischer Herrschaftsübernahme um sein legitimes Erbe betrogen und beargwöhnte außerdem als Vorkämpfer der katholischen Sache die konfessionelle Entwicklung in den Vereinigten Herzogtümern, in denen eine Hinwendung zur Reformation immer wahrscheinlicher zu werden schien. Einen geschlossenen protestantischen Territorialverband im Westen des Reiches, der von der Zuidersee bis zum Kölner Erzstift reichte, konnte und wollte er nicht hinnehmen. Im Jahr 1543 brach der Geldrische Erbfolgekrieg aus, in dessen Verlauf insbesondere das Jülicher Land um Erkelenz stark verwüstet wurde. Der unterlegene Wilhelm der Reiche mußte im Vertrag von Venlo auf Geldern verzichten, das stattdessen in habsburgischen Besitz gelangte.

Dies hatte auch Konsequenzen für die Reichskreiseinteilung, die zu Beginn des 16. Jahrhunderts von den Habsburgern vorgenommen worden war.

Mit anderen Territorien im Westen des Niederrheins zählte Geldern künftig zum Burgundischen Kreis, wohingegen die Vereinigten Herzogtümer weiter zur Verwaltungseinheit des Niederrheinisch-Westfälischen Kreises gehörten und das Erzstift nach wie vor dem Kurrheinischen Kreis angehörte. Die jahrhundertealten gewachsenen Bindungen zwischen Geldern und Kleve waren nun entzwei.

Religionspolitisch blieb das klevische Herrscherhaus nach 1543 gezwungenermaßen auf katholischer Seite. Freiräume für evangelische

Christen bestanden jedoch weiterhin. So gelangten im Zuge von Verfolgung in den fünfziger und sechziger Jahren des Jahrhunderts zahlreiche Glaubensflüchtlinge aus den Niederlanden in klevische Städte wie Goch, Gennep, Büderich, Duisburg und besonders Wesel. Auch Gerhard Mercator (1512-1594), der weltberühmte Duisburger Humanist und Kosmograph, gelangte als Immigrant aus seiner flämischen Heimat an den Rhein, wo er in seiner Schaffenskraft nachhaltig vom klevischen Hof gefördert wurde. In dieser Zeit wurde Düsseldorf die Hauptstadt der Vereinigten Herzogtümer. Der ehrgeizige Plan Wilhelm des Reichen, in Duisburg eine humanistische Landesuniversität zu errichten, konnte aufgrund des starken Druckes der römischen Kurie nicht realisiert werden.

Ab 1568 wurde die Zahl der Flüchtlinge durch die Gewalteskalation im Zuge der niederländischen Freiheitsbewegung noch größer. Es dauerte nicht lange, bis die niederrheinischen Länder in den Krieg der niederländischen Staaten gegen die spanisch-habsburgische Fremdherrschaft mit hineingezogen wurden.

Einer der Weseler „Geusenbecher": Die Stadt Wesel hatte im Zuge des Niederländischen Krieges zahlreiche calvinistische Flüchtlinge aufgenommen. Als Dank für die Gastfreundschaft überreichten Vertreter der niederländischen wie auch der französischen Gemeinde dem Rat von „Vesalia hospitalis" (= dem gastfreundlichen Wesel) im Jahr 1578 jeweils einen Prunkbecher (im Bild: der wallonische Pokal).

Der niederländische Freiheitskrieg am Rhein

Der sogenannte „Achtzigjährige Krieg" (1568-1648), in dem es die Generalstaaten der nördlichen Niederlande schließlich erfolgreich schafften, die Herrschaft der spanischen Habsburger abzuschütteln, suchte auch den angrenzenden Niederrhein auf brutalste Weise heim. Hierbei kam es zu einer unheilvollen Verquickung von konfessionellen und machtpolitischen Interessen der Herrschenden, durch die das Land ins Elend gestürzt wurde.

Das zu den Niederlanden gehörende Geldern war schon seit Ausbruch des Krieges in die Kämpfe verstrickt. Seit 1578 war Obergeldern Bestandteil der Generalstaaten. Hierbei handelte es sich um Provinzen, die aus eigener Kraft die Abspaltung von den spanischen Niederlanden erkämpften. Aus ihnen ging später die Republik der Vereinigten Niederlande hervor.

Obergeldern blieb jedoch unter dem calvinistischen Statthalter Johann von Nassau heiß umkämpft, bis es im Jahre 1587 endgültig von spanischen Truppen zurückerobert wurde. Das Oberquartier verblieb somit bei den Spanischen Niederlanden und wurde auf Dauer auch staatlich von den drei anderen Quartieren getrennt, die ihren Weg in die nördlichen Niederlande fanden.

Der eigentliche Herd, der den Krieg am Niederrhein auslöste, lag aber nicht in den Niederlanden, sondern in Köln. Im Jahre 1579 kam es hier unter der Schirmherrschaft des Erzbischofs zu spanisch-niederländischen Waffenstillstandsverhandlungen. Hierbei lernte der Kurfürst, Gebhard Truchseß von Waldburg, die aus Gerresheim stammende Stiftsdame Agnes von Mansfeld kennen und lieben. Gebhard erklärte sich bereit, sie zu ehelichen und wechselte zur reformierten Konfession. Nachdem gegen ihn der päpstliche Bann ausgesprochen und mit Ernst von Bayern ein neuer Erzbischof eingesetzt worden war, brach im Jahr 1583 der Kölnische oder Truchsessische (genannt nach Gebhard Truchseß) Krieg aus. Er artete schnell in einen Vernichtungskrieg der Landsknechtheere aus, die sich aus aller Herren Länder rekrutierten. Die kirchlichen und politischen Machtgelüste wurden vorwiegend auf dem Rücken der Untertanen ausgetragen.

Gebhard wurde vom Wetterauer Grafenverband um den Moerser Grafen und Kommandanten des Niederstiftes Adolf von Neuenahr sowie vom reformierten Pfalzgrafen Johann Casimir unterstützt. Des weiteren sorgten auch die Generalstaaten für militärische Hilfe.

Jedoch standen hinter dem neugewählten bayerischen Kurfürsten die gesamten katholischen Reichsstände und der Kaiser. Gebhard konnte auf Dauer gegen die Übermacht nichts ausrichten und floh nach Holland.

Mit Ernst von Bayern gelangte nun der erste Wittelsbacher auf den Stuhl des Kölner Erzbischofs; sein Geschlecht besetzte dieses Amt in ungebrochener Folge bis 1761, und Köln blieb dauerhaft katholisch.

Nachdem Gebhard ausgeschieden war, trat der Krieg jetzt in die zweite Phase. Adolf von Neuenahr war es mit Hilfe der Generalstaaten ge-

Der Graff von Alpen

Szene aus dem Truchsessischen Krieg:
Die Schlacht bei Hüls, 1583
(nach einem Stich von Franz Hogenberg)

lungen, den „Schlüssel zu den Niederlanden" – die kurkölnische Festung Rheinberg – zu halten. Dieser letzte Moerser Graf, wurde im Laufe des Krieges in Personalunion Statthalter der niederländischen Provinzen Utrecht, Overijssel und Geldern und damit einer der mächtigsten Männer der Niederlande.

Für das Moerser Grafenhaus bedeutete es gleichermaßen den Höhepunkt und das Finale, als der Graf bei einer Pulverexplosion in Arnheim kinderlos starb (1582) und sich abzeichnete, daß nach dem Tod seiner Frau Walburga die Grafschaft als erledigtes Lehen wieder an Kleve fallen würde.

Eine angebliche Neutralitätsverletzung des neuen Erzbischofs nahmen die Generalstaaten zum willkommenen Anlaß, offen in das Geschehen einzugreifen. Dies rief nun wiederum die Spanier auf den Plan. Der Krieg am Niederrhein geriet zunehmend in internationales Fahrwasser.

Die Kämpfe, in deren Verlauf alle niederrheinischen Regionen gleichermaßen verwüstet wurden, dauerten bis zum niederländisch-spanischen Waffenstillstand (1609), der auf zwölf Jahre angelegt war. Infolge der Kampfhandlungen gelangte auch die Moerser Grafschaft zeitweise in spanischen Besitz. Unter dem berüchtigten spanischen Statthalter Camilius Sachinus Modiliana kam es zu kompromißlosen Versuchen, das katholische Leben in der Grafschaft zu reanimieren. Letztlich wurden die Spanier von generalstaatlichen Truppen vertrieben. Im Jahr 1600 fiel Moers dann auf Dauer an das Haus Oranien, das die letzte Gräfin Walburga zum Erben bestimmt hatte.

Obwohl sich die Vereinigten Herzogtümer Jülich-Kleve-Berg um Neutralität bemüht hatten, wurden sie in die kriegerischen Auseinandersetzungen hineingezogen und somit zum Spielball der Mächte. Erst nach dem Tod des für Gebhard kämpfenden Marschalls und Haudegen Martin Schenk von Nideggen (1689) kamen die ausgepowerten Länder etwas zur Ruhe.

In der Führung war hier mittlerweile ein Machtvakuum entstanden; Wilhelm der Reiche war aufgrund eines Schlaganfalls seit 1566 regierungsunfähig und starb 1592, sein schwachsinniger Sohn Johann Wilhelm (1562-1609) blieb kinderlos. Die Macht der korrupten Räte am Düsseldorfer Hof wuchs. Vermutlich auf ihr Konto ging ein Mordanschlag, dem die engagierte Herzogin und Frau Johann Wilhelms, Jakobe von Baden, zum Opfer fiel (1597). Auch eine zweite Ehe mit der lothringischen Herzogin Antoinette , die von den herzöglichen Räten initiiert worden war, versprach keinen Nachwuchs.

Ähnlich wie Moers und ein halbes Jahrhundert zuvor Geldern stand nun auch Jülich-Kleve-Berg vor dem Erbfall.

Jülich-klevischer Erbfolgestreit

Johann Wilhelm war der einzige Sohn Wilhelms des Reichen und der letzte männliche Herrscher des niederrheinisch-westfälischen Territorialverbandes. Als er 1609 starb, kam es zum Erbstreit, der internationale Dimensionen annahm und fast in einen Krieg mündete.

Bis dahin hatten sich die potentiellen erbberechtigten Parteien um eine möglichst günstige Ausgangsposition bemüht. Die Frage nach der Erblegitimation war äußerst kompliziert. Die in Frage kommenden Nachfolger waren die beiden protestantischen Fürsten Johann Sigismund von Brandenburg und Pfalzgraf Wolfgang Wilhelm von Neuburg. Der brandenburgische Kurfürst war mit der Enkelin Wilhelm des Reichen, Anna von Preußen, vermählt. Ihrer Mutter, Marie Eleonore von Kleve, war auf Geheiß des Kaisers für ihre ehelichen Nachkommen das Erbrecht zugesagt worden.

Strittig wurde die Erbberechtigung durch Anna von Kleve, der zweiten Tochter Wilhelms, die mit Philipp Ludwig von Pfalz-Neuburg verheiratet war. Aus dieser Ehe ging der männliche Thronprätendent Wolfgang Wilhelm hervor, dessen Ansprüche ein kaiserliches Privileg garantierte, das den Töchtern des Herzogs und deren männlichen Nachfolgern das Erbrecht zusagte, sollte die Familie im Mannesstamm aussterben.

Zwischen den Kontrahenten gab es zunächst keine Kompromißbereitschaft, da jeder sich aufgrund eines kaiserlichen Privilegs als Alleinerbe aller Herzogtümer begriff. Auch hatten die mit der klevischen Dynastie verwandten sächsischen Ernestiner und Albertiner eine kaiserlich verbriefte Erbgarantie, was die ohnehin verworrene Situation noch komplizierter machte.

Diese Verwirrung wollte sich Kaiser Rudolf II. (1552-1612) zunutze machen, indem er nun versuchte, die Vereinigten Herzogtümer als erledigtes Lehen für das Haus Habsburg zu erwerben. Das hätte bedeutet, daß ein riesiger nordwestdeutscher Länderkomplex nunmehr in katholischer und größtenteils kaiserlicher Hand gewesen wäre, was die Sache der Gegenreformation im Reich ungemein gestärkt, aber auch internationale Konsequenzen gehabt hätte. Trotz Waffenstillstand herrschte nämlich noch immer zwischen den benachbarten niederländisch-calvinistischen Provinzen und den spanischen Habsburgern Krieg.

Bald nachdem der Erbfall eingetreten war, gelangten die brandenburgische und die neuburgische Partei im Dortmunder Vertrag (1609) zu einer Übereinkunft. In diesem provisorischen Vertragswerk verpflichteten sich die beiden Possidierenden (= Fürsten, die das Erbe in Besitz nahmen) bis zu einer endgültigen Klärung, gemeinschaftlich die Länder zu regieren. Diese Regelung wurde jedoch nicht vom Kaiser akzeptiert, der nun versuchte, die Parteien militärisch unter Druck zu setzen.

Als der Habsburger Bischof Leopold als kaiserlicher Kommissar nach Jülich geschickt wurde, stand eine militärische Intervention Frankreichs, Englands und der Republik der Vereinigten Niederlande kurz bevor, die sich gemeinsam gegen eine Stärkung der deutsch-spanischen Habsburger im Westen des Reiches wandten.

Die Ermordung des französischen Königs Heinrich IV. (1610) verhinderte den möglichen internationalen Krieg um die Herzogtümer; der Konflikt schwelte jedoch weiter.

Noch schwieriger wurde die Lage, als in der Folgezeit beide Prätendenten die Konfession wechselten: der Brandenburger Kurfürst trat ins calvinistische, der Pfälzer ins katholische Lager. Das führte zu einer erneuten Verschärfung, da nun die Niederlande auf Klever Gebiet Militärstützpunkte errichteten, die Spanier in Jülich.

Im Herbst 1614 einigten sich die Possidierenden im Vertrag von Xanten auf die Teilung der Vereinigten Herzogtümer, die seit 1521 eine Einheit gebildet hatten. Endgültig fiel nun das Herzogtum Kleve und die Grafschaft Mark an Brandenburg, Jülich und Berg an Pfalz-Neuburg. Außerdem kamen die beiden Landesherren in Xanten überein, daß die Interessen ihrer Glaubensbrüder im jeweils anderen Herrschaftsbereich gewahrt wurden. Das Xantener Vertragswerk bot noch einige Unklarheiten, so daß das machtpolitische Ringen um den Gesamtbesitz noch viele Jahrzehnte andauerte. Erst im Jahr 1666 wurde mit dem Klever Vertrag ein Schlußstrich gezogen, indem sein Vorgänger in den wesentlichen Punkten bestätigt wurde.

Der Dreißigjährige Krieg am Niederrhein

Ab dem Jahr 1621 wurde das nördliche Rheinland wieder in einen Krieg hineingezogen. Nach zwölfjährigem Waffenstillstand kam es erneut zum Kampf zwischen den Generalstaaten und Spanien, der nahtlos in den Dreißigjährigen Krieg überging. Obwohl der Niederrhein lediglich ein Nebenschauplatz war, litt er unter periodisch auftretenden Zerstörungen der internationalen Soldatesken, denen die Bevölkerung schutzlos ausgeliefert war.

Einige Territorien kamen jedoch glimpflich davon. Für die oranische Grafschaft Moers war von den kriegführenden Parteien Neutralität ausgehandelt worden, wodurch sie verschont blieb und Zufluchtsort für viele Flüchtlinge wurde. Schlimmer erwischte es Jülich-Berg, Kleve und das spanische Geldern. Allein in Jülich-Berg ging die Gesamtbevölkerung durch unmittelbare Kriegseinwirkungen und Seuchen um ein Viertel zurück.

Das Herzogtum Kleve war am Ende des Krieges eine der am meisten heimgesuchten Regionen des Reiches, die Stadt selbst eine Trümmerlandschaft. In Obergeldern wurden Städte wie Venlo, der Bischofssitz Roermond, Geldern und die kurkölnische Enklave Rheinberg hart umkämpft.

Zwischen Geldern und Rheinberg plante die spanische Provinzstatthalterin und Tochter König Philipps II., Isabella Clara Eugenia, einen Kanal, um den Vereinigten Niederlanden militärisch und wirtschaftlich das Rheinwasser abzugraben.

1626 wurde mit dem Bau dieser „Fossa Eugenia", deren Reste heute noch zwischen Kamp-Lintfort und Straelen sichtbar sind, begonnen. Das ehrgeizige Projekt wurde nie fertiggestellt, da es immer wieder zu Angriffen kam und schließlich das Geld fehlte. Bald darauf eroberten die Niederländer Rheinberg (1633).

Im Kölner Kurstaat gelang es dem Wittelsbacher Erzbischof Ferdinand lange Zeit, den Krieg vom Territorium fernzuhalten. Ganz verschont blieb das Erzstift jedoch nicht. Die hier ansässigen Jesuiten führten erfolgreich die Gegenreformation durch. Eine dunkle Seite bedeutete die im zunehmenden Maße einsetzende Hexenverfolgung, die Züge von Massenhysterie trug. Gegen sie wandte sich energisch und mutig der in Köln ansässige, aus Kaiserswerth stammende Jesuitenpfarrer Friedrich von Spee (1591-1635), besonders mit seiner Verteidigungsschrift „Cautio Criminalis".

Außerdem nahm in den katholischen Gegenden aufgrund anhaltender Not das Wallfahrtswesen seinen Ursprung. So veranlaßte der Roermonder Bischof von Obergeldern im Jahre 1643 den Bau einer Wallfahrtskapelle in Kevelaer, die bis heute von Pilgern besucht wird. Ab dem Jahre 1642 tobte am nördlichen Niederrhein der sogenannte Hessenkrieg. Noch nach dem Abschluß des Westfälischen Friedens (1648) blieb das Land von Gewaltaktionen nicht verschont.

Am Ende gingen die letzten Reste von regionaler Eigenständigkeit verloren. Die Länder waren nun nicht mehr machtpolitische Zentren, sondern in die Rolle passiver Objekte geraten.

Einzig der Kölner Kurstaat blieb politisch stabil und unabhängig, doch sein Einfluß auf Reichsebene war stark gesunken. In Kleve, Geldern, Moers und Jülich-Berg gaben nunmehr dauerhaft Herrscher, die nicht aus der Region stammten, den Ton an.

VI. Brandenburg-Preußen, die neue Macht

„Die preußischen Rheinlande liegen auf beiden Seiten des Rheinstromes, der ihnen den Namen gibt. Aber nicht alle Länder, welche am Rheinstrome liegen, gehören zu den preußischen, sondern nur diejenigen, welche dem Zepter unseres Königs unterworfen sind. Es gibt also noch andere Rheinlande als die preußischen."
(Friedrich Adolph W. Diesterweg, Die preußischen Rheinprovinzen, 1829)

Entwicklungen bis zum Spanischen Erbfolgekrieg

Auch nach Beendigung der Jahrzehnte andauernden Kampfhandlungen war den verwüsteten Ländern am Niederrhein keine dauerhafte Ruhe beschieden.

Kaum war es zur endgültigen Klärung der Erbfrage von Jülich-Berg und Kleve-Mark gekommen (1666/72), gelangte die Region wieder ins Fadenkreuz einer fremden Macht.

Im Zuge seines Krieges gegen Holland (ab 1672) ließ der französische König Ludwig XIV. seine Truppen durch das Rheinland marschieren. Die Städte Wesel, Rees, Emmerich, Büderich, Orsoy, Rheinberg und zuletzt auch die Schenkenschanz fielen in französiche Hand.

Bis 1679 blieben die klevischen Städte von den Franzosen besetzt. Mittlerweile war der „Große Kurfürst" Friedrich Wilhelm (1640-1688) Lan-

desherr von Kleve. Er war enger Verbündeter der Generalstaaten, hatte in seiner Jugend in Leiden studiert und regierte später einige Zeit lang vom klevischen Hof aus. Durch seine Heirat mit der niederländischen Prinzessin und Nichte des Moerser Landesherren, Louise Hen-

Louise Henriette aus dem Haus Oranien (1627-1667): Durch ihre Ehe mit dem Großen Kurfürsten gelangte die Grafschaft Moers in preußischen Besitz.

Gründungsfeier der Duisburger Universität, 1655 (nach einem Gemälde von W. Spatz, 1902)

riette, sollte die Grafschaft bald darauf an Preußen fallen (1702).

Kleve war als erstes rheinisches Territorium im Besitz der Hohenzollern somit das Fundament für die folgenden preußischen Erwerbungen am Rhein, die 1815 zur preußischen Rheinprovinz zusammengefaßt wurden und bis 1945 Bestand hatten. Im 17. Jahrhundert blieb Kleve die kulturelle Klammer zwischen Holland und Preußen. Zumindest bis zum Tod des oranischen Statthalters und englischen Königs Wilhelm des III. blieb diese Bindung stark ausgeprägt und fand ihren Niederschlag auch in der Verbindung der Herrscherhäuser. In der Person des Johann Moritz von Nassau, der seit 1647 kurbrandenburgischer Statthalter von Kleve, Mark und Ravensberg war, nahm diese zwischenstaatliche Verbindung einmal mehr Gestalt an. Ihm verdankt die Residenzstadt die bis heute erhaltenen herrlichen barocken Parkanlagen und die Architektur.

Unter der Herrschaft Friedrich-Wilhelms gelang auch das Vorhaben, an dem Wilhelm der Reiche noch gescheitert war: Im Jahr 1655 wurde in Duisburg die Klevische Landesuniversität gegründet. Im Spätmittelalter war Köln die bevorzugte Universität der Klever Landeskinder, die nach der Reformation von den calvinistisch orientierten niederländischen Universitäten in Leiden, Utrecht und Groningen abgelöst wurde. Nun reihte sich „Duisburg doctum" – das gelehrte Duisburg – in die humanistischen Lehrstätten ein.

Innenpolitisch kam es zwischen dem preußischen Herrscher und den klevischen Ständen zu Konflikten. Ähnlich wie die benachbarten niederländischen Provinzen strebten letztere den Ständestaat an, wogegen sich der Kurfürst in einem sehr langwierigen Prozeß durchsetzte und auch am Rhein einen absolutistischen Einheitsstaat preußischer Prägung schuf. Kleve wurde neben Berlin und Königsberg die dritte preußische Hauptstadt. Allerdings begriffen die im fernen Berlin residierenden Hohenzollern ihre Besitzungen am Niederrhein während des 17. und 18. Jahrhunderts als Nebenländer der preußischen Krone.

Ganz anders waren die Entwicklungen in Jülich-Berg. Herzog Johann Wilhelm (1679-1716), der volkstümlich Jan Wellem genannt wurde, und seine Frau Anna Maria Luisa Medici förderten als barocke Mäzene in ihrem Herrschaftsbereich zahlreiche Kunstprojekte. Nach dem Vorbild von Versailles wurde in Benrath durch den italienischen Architekten Matteo de Alberti ein prächtiges Jagdschloß erbaut. Die Düsseldorfer Residenz entwickelte sich dank herrscherlichem Mäzenatentums zu einer Kunststadt von großem Renommee. Auf Jan

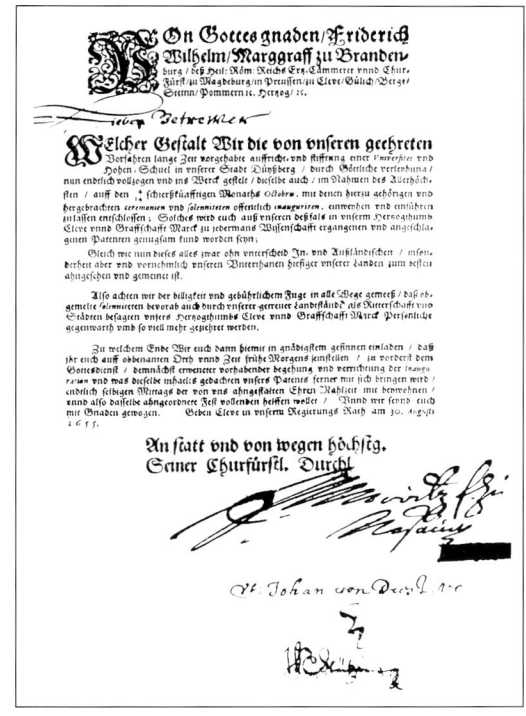

Gründungsurkunde der Universität

Wellems Initiative hin wurde die Gemäldegalerie gegründet.

An der Wende zum 18. Jahrhundert zogen erneut dunkle Wolken über den niederrheinischen Himmel. Der Tod des letzten spanischen Habsburgers führte zu einem Erbstreit der europäischen Herrscherhäuser, der sich zum ersten Weltkrieg der Neuzeit auswachsen sollte. Um alle spanischen Besitztümer entbrannte der

Der bergische Herzog Jan Wellem (1679-1716)

Kampf, und der Niederrhein war ein wichtiger Kriegsschauplatz. Insbesondere das Kölner Erzstift, Geldern und Kleve wurden in Mitleidenschaft gezogen.

Der französische König Ludwig XIV. trachtete danach, die Spanischen Niederlande und damit auch Obergeldern in seinen Besitz zu bringen. Bei diesen Bestrebungen wurde er durch den Wittelsbacher Erzbischof von Köln unterstützt. Friedrich III. von Brandenburg, der seit 1701 den preußischen Königstitel innehatte, und der jülich-bergische Herzog wandten sich zusammen mit den Holländern und dem Kaiser gegen die französische Machtpolitik. 1703 fiel das mit Frankreich verbündete Erzstift an diese Allianz. Bald darauf kam die Festung Geldern in preußische Hand. Ihre spanischen Verteidiger mußten nach siebenwöchigem Beschuß kapitulieren. Erst 1713 beendete der Friede von Utrecht diesen Erbfolgekrieg. Zweifelsohne war Preußen in bezug auf die niederrheinischen Territorien der eigentliche Sieger, während das unterlegene Kurköln immer mehr an politischer Bedeutung verlor. Obergeldern wurde geteilt. Das Gebiet zwischen Venlo und der Bischofsstadt Roermond verblieb weiterhin bei den südlichen Niederlanden, die nun in österreichischen Besitz gelangten. Den größeren Teil des Oberquartiers erhielt Preußen, dessen König nun als Herzog über Geldern, Straelen, Wachtendonk, die Ämter Krickenbeck sowie Montfort, Middelaar und das auf der linken Maasseite gelegene Kessel gebot. Allmählich baute der ostelbische Staat durch Erwerbungen eine stabile Machtstellung am Niederrhein auf, die für die weiteren Geschicke der Region entscheidend sein sollte.

Clemens August und Friedrich der Große

Nach dem Tode des Wittelsbacher Landesherren Jan Wellem (1716) und dem plötzlichen Weggang seiner Witwe Anna Maria Louisa Medici (1717), die in ihre Heimat Florenz zurückkehrte, rückten die Herzogtümer Jülich und Berg immer mehr ins politische Abseits und spielten als Nebenländer keine bedeutende Rolle mehr. Der Nachfolger des populären und kunstsinnigen Herzogs, Karl Philipp, verlegte seine Residenz von Düsseldorf nach Heidelberg. Der ihn beerbende letzte kurfürstliche Landesherr von Jülich-Berg, Bayern und der Pfalz, Kurfürst Karl Theodor (1742-1799), machte schließlich München zur Hauptstadt. Bald wurden Teile der Düsseldorfer Kunstgalerie, die mit 46 Rubensbildern bestückt war, geräumt und die Werke in die Pinakothek verlegt.

Während hier kulturell eine Stagnation einsetzte, kam es im benachbarten Kurstaat unter dem fünften und letzten Wittelsbacher Landesherren Clemens August (1700-1761) zu einer Prachtentfaltung von bisher unbekanntem Ausmaß. Seit 1723 bekleidete er das Amt des Erzbischofs und wurde von nun „Monsieur de cinq Eglises genannt", da er gleichzeitig geistlicher Herr über die Bistümer Paderborn, Osnabrück, Hildesheim und Münster war, daneben auch noch Hochmeister des Deutschordens. Sein gewaltiger Hofstaat, in dem zum ersten Mal in der Geschichte des Erzstifts auch Frauen zu finden waren, war derart geprägt von barocker Verschwendungssucht, daß Clemens August zu Lebzeiten mit dem französischen König Ludwig dem XIV. verglichen wurde. Zahlreiche Bauvorhaben wurden realisiert.

Der architektonisch interessierte Kurfürst ließ seine Bonner Residenz vollenden; Balthasar Neumann errichtete das Treppenhaus für das ebenfalls in dieser Zeit erbaute Schloß Augustusburg in Brühl, in dem noch heute Staatsgäste empfangen werden. Als Clemens August

„Monsieur de cinq Eglises":
Clemens August, letzter Kölner Erzbischof aus dem Hause Wittelsbach (1723-1761)

1761 starb, hinterließ er ein hochverschuldetes und außenpolitisch zweitklassiges „Land unter dem Krummstab", das immer mehr in Abhängigkeit von Frankreich geriet, auf der anderen Seite jedoch kulturell glänzte und mit spektakulären Bauten im Stile von Spätbarock und Rokoko gespickt war.

Ganz andere Akzente setzten die Hohenzollern in ihren niederrheinischen Erblanden Kleve und Moers sowie in Preußisch Geldern.

48

Friedrich II. – später „der Große" genannt – regierte als König seit 1740. Sein erster Niederrhein-Aufenthalt war mit äußerst unangenehmen Erinnerungen verbunden. Als Thronfolger floh er mit seinem Freund Hermann Katte im Jahre 1730 vor seinem ungeliebten Vater, Friedrich Wilhelm I., wurde ergriffen und in der Festungsstadt Wesel festgesetzt, bevor er gezwungen wurde, der Hinrichtung seines Freundes im brandenburgischen Küstrin beizuwohnen. Zehn Jahre später besuchte er den Niederrhein unter wesentlich günstigeren Bedingungen. Im September des Jahres 1740 begegnete der „Philosoph auf dem Königsthron" auf Schloß Moyland dem großen französischen Denker Voltaire.

Für viele Zeitgenossen überraschend, knüpfte Friedrich II. dann vielfach an die Politik seines Vaters an. Merkantilistische Strukturen griffen nun auch am Rhein und führten zu einem wirtschaftlichen Aufschwung, der durch das Einschreiten gegen den antiquierten Zunftzwang begünstigt wurde. Die rheinpreußischen Städte und das Land sollten wirtschaftlich von der preußischen Politik, die auch von der toleranten Grundeinstellung des Landesherren geprägt war, profitieren.

Seit der Aufhebung des Edikts von Nantes (1685), wodurch die französischen Calvinisten ihre Glaubensfreiheit verloren, strömten Religionsflüchtlinge nach Preußen, die vor allem in

Brandenburg bereitwillig aufgenommen wurden. Auf den Zuzug von Calvinisten aus der katholischen Kurpfalz reagierte Friedrich II., indem er ihnen (ab 1741) im dünnbesiedelten Heidegebiet bei Goch Land zuwies, das sie im Zuge der „inneren Kolonisation" urbar machten.

Noch heute zeugen die geometrisch angeordneten Weiler Pfalzdorf und Louisendorf vom planmäßigen und im Sinne der Aufklärung streng rationalistischem Aufbau durch die ersten Pfälzer Siedler. Bis heute haben die Bewohner der Dörfer eine weitere Eigenart bewahrt: Nach wie vor sprechen sie in Pfälzer Mundart.

Die wirtschaftliche Belebung der Städte gewann zunehmend an Dynamik. In Ruhrort wurde im Jahr 1716 der Hafen eingeweiht, der 250 Jahre später als Duisburger Rhein-Ruhr-Hafen zum größten Binnenhafen der Welt avancieren sollte. Hier entstand außerdem eine bedeutende Tabakmanufaktur. Auch in anderen rheinischen Städten wie Geldern, Rheinberg, Orsoy, Kleve, Rheinberg, Wesel und Emmerich wurde durch die Entstehung von vorindustriellen Manufakturen der Grundstein für wirtschaftlichen Aufschwung gesät.

Im moersischen Krefeld erlebte das Seidengewerbe im 18. Jahrhundert eine Blütezeit, die der Stadt großen Wohlstand einbrachte. Auch hier führte der seit dem 17. Jahrhundert anhaltende Zuzug von Religionsflüchtlingen wie beispielsweise den Mennoniten und Reformierten zum Aufschwung des Textilgewerbes, der mit einer starken Steigerung der Produktion verbunden war. Der preußische Staat förderte die Seidenindustrie am Niederrhein durch die Vergabe eines Monopols, wovon zunächst die Fabrikantenfamilie von der Leyen profitierte.

Trotz wirtschaftlicher Innovationen wurde die Bevölkerung der preußischen „Bastion am Rhein", sowie der angrenzenden Territorien, die mit Frankreich verbündet waren, wieder in Mitleidenschaft gezogen. Einmal mehr befand sich die Region im militärischen Fadenkreuz.

Im Siebenjährigen Krieg (1756-1763) fielen zahlreiche Städte wie Düsseldorf, Duisburg und Kleve längerfristig in französische Hand. Jedoch gelang es in Feldschlachten bei Krefeld und Wachtendonk (1758) den mit Preußen verbündeten Truppen des Herzogs Ferdinand von Braunschweig, die Franzosen zurückzudrängen. Doch erst durch den Frieden von Hubertusburg (1763) war der rheinische Besitz Preußens wieder gesichert. Nur langsam erholte sich das Gebiet von den Kämpfen, Besatzungen und ruinösen Kontributionen und Abgaben.

Das nächste Vierteljahrhundert brachte der nordrheinischen Region Frieden und relative Stabilität, bis die französische Revolution eine dramatische und nicht vorhersehbare Wendung brachte.

Der preußische König Friedrich II. im Hause der Krefelder Seidenfabrikanten von der Leyen

VII. Revolution und Rheinbund

„Wir können uns an die französische Herrschaft im Rheinland erinnern, ohne darüber zu erröten. Es gab keinerlei schlimme Gewaltmaßnahmen gegen Personen. Keine Verfolgung aufgrund von Ideen. Statt dessen gab es nützliche materielle Werke und Fortschritte der Zivilisation. Aber fand dabei tatsächlich eine endgültige moralische Eroberung, wenigstens im Sinne eines Abschlags auf die Zukunft statt? Die Antwort fällt schwer. Es fehlt die Zeit. Da die napoleonische Politik sich änderte und zu den bekannten Ergebnissen führte, wird man niemals mit endgültiger Gewißheit sagen können: `Das war Wahnsinn` oder: `das hatte Zukunft.`"

(Lucien Febvre, 1935)

Der Beginn der französischen Herrschaft

Die Ereignisse der französischen Revolution und ihre weitreichenden Konsequenzen mischten die Karten in Europa neu. Bis 1815 kam es zwischen der französischen Atlantikküste und Moskau zu gewaltigen und bisher nie gekannten geopolitischen und gesellschaftlichen Umwälzungen.

Unsere Region war als Nachbar Frankreichs unmittelbar und folgenschwer von westlichen Missions- und Expansionsabsichten betroffen. 1792 kam es zum Krieg zwischen den Mächten des Ancien Régime (= alte absolutistische Herrschaft), Preußen und Österreich, auf der einen Seite und dem revolutionären Frankreich auf der anderen Seite, der schließlich mit der Zerschlagung des Alten Reiches enden und zur Expansion der Revolution über die Grenzen Frankreichs hinaus führen sollte. Noch im gleichen Jahr gelangten französische Truppen an den linken Niederrhein; zwei Jahre später wurde das gesamte linksrheinische Ufer zwischen dem pfälzischen Landau und Kleve besetzt und später fester Bestandteil der französischen Republik, was durch Vertreter des unterlegenen Preußen im Sonderfrieden von Basel (1795) und von Österreich im Frieden von Campo Formio (1797) anerkannt werden mußte. In Lunéville wurde staatsrechtlich endgültig der Rhein als Grenze Frankreichs festgelegt (1801); auch die österreichischen (südlichen) Niederlande gelangten in französischen Besitz, wohingegen die Generalstaaten als Batavische Republik zum Satellitenstaat degradiert wurden.

Das erste Modell, eine rheinische (cisrhenanische) Republik zu gründen, was ursprünglich vom französischen General Lazare Hoche verfochten wurde, scheiterte spätestens im französischen Staatsstreich vom 18. Fructidor V (= 4. September 1797), der zum Sieg der sogenannten „Annexionisten" führte. Daraufhin wurde das linksrheinische Reichsgebiet mit Frankreich zwangsvereinigt. Im gleichen Jahr wurde der elsässische Jurist François Joseph Rudler damit

Rheinübergang der Franzosen zwischen Duisburg und Düsseldorf (1795)

betraut, französische Verwaltungsstrukturen zu schaffen und das französische Recht – den Code Civil – einzuführen. Dieses ungemein moderne Rechtssystem der Franzosen blieb links des Rheins auch nach dem Ende der Franzosenzeit (1815) erhalten und wurde erst im Jahre 1900 vom Bürgerlichen Gesetzbuch abgelöst. In der Tat bedeutete die Annexion durch Frankreich für die niederrheinische Region eine dramatische Umwälzung.

Die jahrhundertealten Territorien wurden aufgelöst und durch eine moderne Verwaltungsstruktur ersetzt, die allerdings keine Rücksicht auf historisch gewachsene Strukturen nahm und durch strengen Zentralismus gekennzeichnet war.

Das gesamte Gebiet wurde in vier Departements eingeteilt. Für den linken Niederrhein, d.h. für die ehemals linksrheinischen Erbländer Preußens sowie Kurköln wurde das Roerdepartement als neue Verwaltungseinheit geschaffen. Benannt wurde die Verwaltungseinheit nach dem bei Roermond in die Maas mündenden Flüßchen Rur.

Die weltlichen Herrschaft des Kölner Erzstifts war damit für alle Zeit beendet. Aachen wurde Hauptort des neugeschaffenen Departements; auf mittlerer Verwaltungsebene wurden vier Arrondissements (Bezirke) gebildet, die ihren Sitz in den Städten Aachen, Köln, Krefeld und Kleve hatten. Ihnen unterstellt waren insgesamt 40 Mairien (= Bürgermeistereien) und Kantone. Hierbei bedeutete die konsequente Trennung von Justiz und Verwaltung eine neue Errungenschaft, womit eine höhere Effektivität gewährleistet war. Auch diese Munizipalverwaltung sollte das Ende der französischen Herrschaft um gut 30 Jahre überdauern.

Ferner waren durch das egalitäre Prinzip nunmehr alle Bürger vor dem Gesetz gleich, was auch konfessionellen Minderheiten zugute kam. Im Jahr 1797 wurde im Dekret über die Gleichberechtigung die uralte Diskriminierung der Juden abgeschafft, was einen wichtigen Schritt zu ihrer gesellschaftlichen Emanzipation in Deutschland bedeutete. Allerdings wurde diese wichtige Errungenschaft durch eine napoleonische Bestimmung – das „Schändliche Dekret" von 1808 – in Frage gestellt.

Eine weitere einschneidende Maßnahme war die Abschaffung des Feudalsystems.

Dies hatte die Konsequenz, daß sämtliche Abgaben, die noch zuvor an Adel und Kirche zu entrichten waren, wie beispielsweise der Zehnt – zugunsten einer allgemeinen Steuer entfielen. Nutznießer waren die niederrheinischen Bauern.

Im Gegensatz dazu brachen für die Kirche als geistliche und weltliche Organisation schwere Zeiten an.

Alle Einnahmen, mit denen bis dato noch zu rechnen gewesen war, entfielen und wurden vom Staat konfisziert. Ihre Strukturen wurden systematisch zerschlagen, da die Kirche als Feindin der Revolution und Hort der Reaktion begriffen wurde. Zunächst wurden die Klöster und Stifte angewiesen, eine Aufstellung über Einkünfte und Personalbestand zu erstellen. Mit Ausnahme der Bettelorden wurden alle kirchlichen Güter des Klerus von der staatlichen „Domänendirektion" konfisziert.

Im Jahr 1801 wurde das alte Erzbistum Köln, dessen letzter Kurfürst Max Franz von Österreich gestorben war, nach 1500jährigem Bestand aufgelöst und durch das Bistum Aachen ersetzt, das sowohl das Roer- und als auch das Rhein-Mosel-Departement kirchenorganisatorisch umfaßte.

Nachdem schon einige Jahre vorher Klöstern untersagt worden war, Novizen aufzunehmen, wurden diese im Zuge der staatlichen Säkularisation von 1803 alle geschlossen; das gleiche passierte mit den Stiften.

Ihre Besitze und Benefizien (= Erträge aus Land und Geldvermögen) gingen in die öffentliche Hand über, was weitreichende Konsequenzen für die Besitzverhältnisse am Niederrhein hatte. Infolge dieser Säkularisation verfielen viele geistliche Kulturdenkmäler, die fortan profanweltlich genutzt wurden und deren Besitz oftmals veräußert wurde. Das Kloster Kamp, dessen Gebäude größtenteils abgerissen wurden und dessen barocker Garten verwilderte, ist ein Beispiel für diesen systematischen Zerfall sakraler Kulturgüter.

Auch in den nichtfranzösischen rechtsrheinischen Gebieten kam es im Zuge der Säkularisation zu Enteignungen von Kirchenbesitz. Im sogenannten Reichsdeputationshauptschluß (1803) wurde beschlossen, daß sich die Landesherren, die durch die Kriege gegen Frankreich Besitz verloren hatten, mit kirchlichem Gut, das innerhalb ihres Herrschaftsbereiches bisher Immunität genossen hatte, entschädigen konnten. Außerdem wurden alle geistlichen Herrschaften aufgeteilt.

Nach diesem Beschluß wurden von preußischer Seite die Damenstifte von Essen und Stoppenberg sowie die Abtei Werden aufgehoben. Im Herzogtum Berg kam es auf Initiative des bayerischen Staatsministers Montgelas zu Maßnahmen, in deren Verlauf die meisten Klöster aufgehoben und durch einige Zentralklöster in Ratingen, Wipperfürth und Hardenberg ersetzt wurden.

Diese Enteignungen gehörten zu den revolutionären Neuerungen, die die niederrheinische Gesellschaftsstruktur radikal veränderten. Mit dem Ausbau der Macht des französischen Kaiserreiches kam es zu weiteren einschneidenden Maßnahmen.

Napoleon und der Niederrhein

Für die neufranzösischen Gebiete bot sich durch die Annexion ein günstiges wirtschaftliches Klima. Der Zunftzwang wurde abgeschafft und die starke englische Konkurrenz durch die napoleonische Kontinentalsperre ausgeschaltet. Durch nicht mehr vorhandene Zollgrenzen im Westen und Süden stand stattdessen der gesamte französische Markt offen.

Auf die Initiative Napoleons, der seit 1804 französischer Kaiser war, wurden im Roerdepartement zahlreiche Fernstraßenverbindungen errichtet, die den regionalen Standort wirtschaftlich erschlossen und damit aufwerteten. Mit dem Bau des Nordkanals zwischen Neuss und Venlo sollte der Rhein-Maas-Raum auch auf dem Wasserwege verbunden werden. Allerdings blieb dieses ehrgeizige Vorhaben wie seine Vorgängerin, die Fossa Eugenia, letztlich ein Torso. Des weiteren schuf die französische Regierung seit 1803 in Stolberg, Krefeld, Aachen und Köln moderne Handelskammern. Vor allem das rheinische Besitzbürgertum profitierte von solchen Maßnahmen.

Jedoch war die Franzosenzeit unter der Ägide Napoleons in zunehmendem Maße mit kriegerischen Auseinandersetzungen und ihren Konsequenzen verbunden. Die Bevölkerung mußte Kontributionen und hohe Kriegssteuern zahlen und viele Landeskinder wurden gegen ihren Willen in die „Grande Armee" eingezogen. Durch die nicht abreißenden Kriege kam es dann zunehmend zu wirtschaftlichen Engpässen.

Der Mißmut der Bevölkerung über die französischen Herrschaft wuchs, die bis zu ihrem Ende als Fremdherrschaft begriffen wurde.

Die rechtsrheinischen preußischen Besitzungen und das Herzogtum Berg blieben bis zum Jahr 1806 noch unabhängig. Lediglich die Festung Wesel wechselte als französischer Brückenkopf bereits 1805 den Besitz. Hier wurden später (1809) im Zuge der Befreiungskriege elf preußische Offiziere des Schill'schen Regiments hingerichtet.

Als 1807 der preußische König Friedrich Wilhelm III. in Tilsit die bedingungslose Kapitulation unterschreiben mußte, gelangte der schon längst besetzte rechtsrheinische Teil Rheinpreußens sowie das Herzogtum Berg in französische Hand. Diese Territorien und der östliche Teil von Kurköln wurden vereinigt und bildeten nun einen sogenannten napoleonischen Modellstaat, der Mitglied im neugeschaffenen Rheinbund wurde.

Das machtlose Heilige Römische Reich deutscher Nation war zuvor (1806) aufgelöst worden. Der französische Reitergeneral Joachim Murat (1767-1815) wurde zum Großherzog von Berg ernannt, das faktisch bloß ein französischer Satellitenstaat war.

Da der Rhein für die bergische Industrie und Wirtschaft eine unüberwindliche Zollgrenze war, geriet sie in eine schwere Krise. Betroffen war vor allem die in Barmen und Elberfeld ansässige Textilindustrie. Im Jahr 1810 wurde

Antinapoleonische Karikatur: Das große Schlachthaus. Nach 1805 wurden viele junge Männer aus dem nunmehr französischen Niederrhein zwangsrekrutiert, von denen zahlreiche durch Kampfhandlungen umkamen.

Das Schill-Denkmal in Wesel, eingeweiht 1835:
Mit dem Entwurf für das Ehrenmal der
elf Schill'schen Offiziere, die 1809 in Wesel
hingerichtet worden waren, wurde der Architekt
Karl Friedrich von Schinkel beauftragt.

auch das Großherzogtum, das schon zwei Jahre von Napoleon persönlich regiert wurde, dem französischen Kaiserreich angegliedert. Es entstanden hier neue Departements mit Sitz in Rees (Lippe-Departement) und in Essen (Rhein-Departement).

Durch anhaltende schwere Belastungen infolge der nun nicht mehr abreißenden Kriege wurde die Bevölkerung immer mehr dem französischen Staat entfremdet.

Auch die Tatsache, daß Französisch die alleinige Amts- und Verwaltungssprache war, wurde als Charakteristikum der Fremdherrschaft begriffen. Indes wurde Napoleon insbesondere in den aufstrebenden rheinischen Manufakturstädten bei seinen Aufenthalten nach wie vor begeistert begrüßt.

Napoleons Niederlage in der Leipziger Völkerschlacht beendete das französische Intermezzo. Einige Errungenschaften wie die Kommunalverwaltung und nicht zuletzt der Code Civil, der jetzt „rheinisches Recht" hieß, überdauerten diese Herrschaft, die bei den Zeitgenossen auf sehr unterschiedliche Resonanz gestoßen war.

VIII. Entwicklungen im 19. Jahrhundert

„War die Geschichte Rheinland-Westfalens seit dem Zerfall des Karolingerreiches durch fortschreitende Zersplitterung und Territorialisierung gekennzeichnet, so brachte der Übergang an Preußen erstmalig wieder eine politische Zusammenfassung dieses Raums. Die nach 1815 anstehenden Integrationsprobleme waren indes gewaltig.“ *(Jörg Engelbrecht, 1994)*

Zwischen Restauration und Revolution

Das Ende der napoleonischen Ära war am Niederrhein wieder einmal mit einem Herrschaftswechsel verbunden. Auf dem Wiener Kongreß (1815) beschlossen die europäischen Monarchen eine Neuaufteilung Europas. Zusammen mit den übrigen rheinischen Gebieten nördlich der bayerischen Rheinpfalz fiel nun auch die nordrheinische Region zwischen Bonn und Kleve an das Königreich Preußen, dessen Monarch gerne zugunsten Sachsens auf die westlichen Gebiete verzichtet hätte, sich aber nicht durchsetzen konnte. Doch auch am Niederrhein sah man der preußischen Machtübernahme eher skeptisch entgegen. Das vormals geldrische Oberquartier wurde einmal mehr, bis auf den heutigen Tag endgültig, geteilt. Das Gebiet rechts der Maas fiel definitiv an die Niederlande und bildet seitdem die Provinz Limburg. Auf englische Initiative hin wurde am rechten Maas-

ufer die Grenze um 800 rheinische Ruthen, was einem Kanonenschuß entspricht, ins östliche Hinterland verlegt. Die Politiker der britischen Insel fürchteten einen künftigen preußischen Wirtschaftskonkurrenten, dem man die wichtige Wasserschiene nicht überlassen wollte.

Mit Ausnahme der Gebiete am nördlichen Niederrhein, die vor der Franzosenzeit bereits preußisch waren, beäugte die rheinische Bevölkerung die neuen Machthaber mißtrauisch; das Ende der französischen Herrschaft wurde nicht vorbehaltlos als Befreiung begriffen. Die Abschaffung der Stände, die Emanzipation des Bürgertums, die neue Munizipalverwaltung, das rheinische Recht und nicht zuletzt eine Verbesserung der wirtschaftlichen Lage waren Errungenschaften, auf die niemand mehr verzichten wollte. Der verbürgte Ausspruch des Kölner Bankiers Adam Schaaffhausen: „Morja, Josef – do hierohde mer in`ärm Famillich!“ veranschaulicht sehr deutlich, wie ein großer Teil der Rheinländer den Anschluß an die aufkommende ostelbische Großmacht sah, deren Repräsentanten und Gendarmen als „Litauer“ oder „Schnäuzerkowskys“ verächtlich bezeichnet wurden. Im allgemeinen fühlten sich die Rheinländer den Bewohnern der brandenburgisch-preußischen Stammlande kulturell und wirtschaftlich überlegen.

Allerdings kam es direkt nach 1815 zu einer dramatischen wirtschaftlichen Verschlechterung am Rhein, die in den Hungerwinter von

1816/17 mündete. Ursache dafür war die Aufhebung der Kontinentalsperre und die Überflutung der Regionen mit qualitativ besseren englischen Produkten, die der einheimischen – insbesondere der bisher konkurrenzlosen linksrheinischen – Wirtschaft arg zu schaffen machte.

Im Hinblick auf Verwaltungsstrukturen leitete die preußische Regierung sehr schnell neue Wege ein. Kurz nach Absegnung der Wiener Schlußakte (1815) wurde das Rheinland in zwei preußische Provinzen geteilt. Die südliche Provinz mit dem irritierenden Namen „Großherzogtum Niederrhein" hatte ihre Hauptstadt in Koblenz mit den Regierungsbezirken Aachen, Koblenz und Trier.

Hauptstadt der nördlichen Provinz „Jülich-Kleve-Berg" wurde Köln; die Provinz war in die drei Regierungsbezirke Köln, Kleve und Düsseldorf gegliedert, wobei Kleve als Behördenzentrum bald wegfiel.

Im Jahre 1822 wurden die beiden Provinzen zusammengezogen. Für sie bürgerte sich seit den dreißiger Jahren des 19. Jahrhunderts der Begriff „Rheinprovinz" ein. Bezeich-

Karte der politischen Neuordnung am Rhein nach 1815

58

nenderweise wurde Koblenz als Sitz des Oberpräsidiums der Rheinprovinz unter der Leitung von Johann August Sack nun Provinzhauptstadt. Die alte Metropole Köln ging leer aus, da man in der preußischen Zentrale Berlin die Konkurrenz der nach wie vor sehr bedeutenden rheinischen Stadt fürchtete. Aus dem gleichen Grund wurde auf die Wiederbelebung der von den Franzosen geschlossenen Kölner Universität verzichtet.

Doch auch die verschuldete Universität Duisburg mußte im Jahre 1818 ihren Lehrbetrieb einstellen. Einzig die nach ihm benannte Bonner Friedrich-Wilhelm-Universität ließ der König als dritte preußische Reformuniversität nach Breslau und Berlin errichten; sie wurde mit Beständen der Duisburger Bibliothek ausgestattet. Zahlreiche Konflikte zwischen der preußischen Zentralregierung und der rheinischen Bevölkerung schienen vorprogrammiert. Zu nennen sind hierbei unvereinbare Mentalitätsfragen – der rheinische Karneval kam preußischen Beamten wie öffentlicher Aufruhr vor und wurde nahezu kriminalisiert. Konfessionelle Unterschiede und nicht zuletzt das vorhandene politische Engagement der Bevölkerung waren den Preußen unbekannt und unbequem.

Preußen war nach wie vor ein Ständestaat. An seiner Spitze stand ein Herrscher, der einen aufgeklärt-gemäßigten Absolutismus verkörperte, was am Niederrhein als anachronistisch und reaktionär empfunden wurde.

Vor allem das Bildungs- und Besitzbürgertum drängte hier in Erinnerung an die französische Herrschaft auf politische Partizipation. Das führte zu Reibungen mit der preußischen Obrigkeit.

Geistige Führer des politisch-liberalen Bürgertums im Vormärz waren Industrielle wie der Aachener David Hansemann, der Kölner Ludolf Camphausen sowie August von der Heydt aus Elberfeld, Hermann von Beckerath aus Krefeld und Gustav Mevissen aus Dülken. Sie wurden nicht müde, den König immer wieder an

Hermann von Beckerath:
Vertreter des rheinischen Liberalismus und
Reichsfinanzminister (1848/49)

59

sein 1815 gegebenes Verfassungsversprechen zu mahnen. Auf der anderen Seite waren sie als Exponenten der Bourgeoisie Verfechter des Dreiklassenwahlrechts – eines Systems, das sich nach der Steuerkraft der Wähler richtete, wodurch der Großteil der überwiegend armen Bevölkerung von den Wahlen ausgeschlossen wurde. Dieses Wahlrecht blieb teilweise bis 1918 Realität.

Seit 1826 gab es die Institution des Rheinischen Provinziallandtages, der von nun an in Düsseldorf zusammentrat. Er setzte sich aus Vertretern der Städte, der Gemeinden und der adeligen Ritterschaft und schaffte es, obwohl er nur Gesetzesentwürfe beraten sowie Petitionen vorlegen konnte, ein regionales Selbstbewußtsein der Rheinländer aufzubauen. Auch gingen von seinen Vertretern im Hinblick auf die Emanzipation jüdischer Mitbürger entscheidende und wichtige Impulse aus. Hermann von Beckerath, der 1848 Finanzminister wurde, beantragte in diesem Gremium im Jahre 1843 erstmals die uneingeschränkte Emanzipation der Juden.

Der preußische König stand an der Spitze der protestantischen Landeskirche. Auf Initiative Friedrich Wilhelms III. wurde die evangelische Trennung von Lutheranern und Reformierten, die sich auf die Lehre Calvins beriefen, am dreihundertsten Jahrestag der Reformation (1817) durch die „Union" als Zusammenschluß aller evangelischen Christen überwunden. Am Niederrhein standen die Gemeinden zumeist in der reformierten Tradition, weswegen es gegen diese Union teilweise heftige Widerstände gab. Eine unierte rheinisch-westfälische Kirchenordnung entstand knapp 20 Jahre später (1835). Die rheinische Landeskirche beschritt hier einen Sonderweg: An ihrer Spitze steht kein Bischof, sondern ein Präses, der von der Provinzialsynode gewählt wird. Die Synoden vertreten die einzelnen Gemeinden, die von Presbytern geleitet werden. Im Unterschied zur hierarchischen Struktur der evangelischen Kirche im übrigen Preußen räumt das presbyterial-synodale Modell der Rheinischen Kirche Nichttheologen wesentlich mehr Entscheidungsspielraum ein.

Die protestantisch-preußische Monarchie und ihre Staatsdiener gerieten auch in Konflikt mit dem rheinischen Katholizismus. Zwar war Köln seit 1821 dank der päpstlichen Bulle „De salute animarum" wieder Erzbistum, wurde jedoch auf Bestreben Berlins hin zu Gunsten der Nachbarbistümer Münster und Trier erheblich verkleinert und büßte so an geistlichem Einfluß ein, zumal der preußische Staat Einfluß auf die Bischofswahl nehmen konnte.

Der Widerstand der Kirche und der katholischen Bevölkerung wuchs und gelangte in den sogenannten „Kölner Wirren" (1837) zu einem Höhepunkt. Der kompromißlose Erzbischof Clemens August von Droste Vischering hatte sich gegen die staatliche Regelung, daß bei konfessionellen Mischehen das Bekenntnis des Vaters für die Kinder maßgebend war, gewandt. Hierauf wurde er von der Regierung angewiesen, von seinem Amt zurückzutreten. Der Streit eskalierte, als der Bischof nicht Folge leistete, worauf er verhaftet und in Minden eingesperrt wurde. Ein Sturm der Entrüstung, verbunden mit antipreußischen Strömungen brach nun aus, der politische Katholizismus wurde hier geboren.

Erst der Regierungsantritt des romantisch verklärten und auf Ausgleich mit dem Katholizismus bedachten Königs Friedrich Wilhelm IV. löste diese schwelende Krise. Auf seine Initiative hin wurde 1842 auch der Weiterbau des Domes beschlossen, der die rheinischen Katholiken weitgehend mit dem Staat versöhnte.

Die Rheinkrise von 1840, verbunden mit der Angst vor einer neuen Annexion durch Frankreich, führte ebenfalls zu einer allmählichen Akzeptanz des preußischen Staates und somit zur Integration der Rheinprovinz. Doch kam es einige Jahre später (1848) im

Letzte Ausgabe der Rheinischen Zeitung am 18. 5. 1849, anläßlich ihres Verbotes in roten Lettern gedruckt. Der Herausgeber Karl Marx wurde aus Preußen verbannt.

Zuge der in Paris ausgebrochenen Februar-
revolution auch am Rhein zu revolutionären
Unruhen.

Vorausgegangen waren jahrelang schwelende soziale Konflikte, die auf Massenverelendung zu-
rückzuführen waren. Kein geringerer als Karl
Marx bezeichnete den Krefelder Weberaufstand
von 1828 als ersten Arbeiteraufstand der deutschen Geschichte und auch in den Städten Eu-
pen, und Aachen (1828/30) war es schon im
Vorfeld der Revolution zu Protesten von Indu-
striearbeitern gekommen.

Zentrum der Märzunruhen von 1848 war Köln,
das als die Hochburg des deutschen Frühsozia-
lismus galt. Der später in Wien erschossene
„Märtyrer der Freiheit" Robert Blum (1808-
1848) stammte aus der Domstadt, wo Karl
Marx (1812-1875) als Chefredakteur der revolutionären „Neuen Rheinischen Zeitung"
agitierte.

Doch auch in Düsseldorf und Elberfeld kam
es unter der Führung von Ferdinand Lassalle
(1825-1864) und Friedrich Engels (1820-1895)
zum ersten Versuch, die sozialistische Revolution durchzusetzen.

Diese Versuche scheiterten endgültig, als sich
das aufgeschreckte liberale Bürgertum mit der
preußischen Reaktion zusammenschloß und so
das Aufbegehren des vierten Standes verhindert
wurde.

Der Kölner Kommunistenprozeß von 1852
setzte einen endgültigen Schlußstrich unter die
revolutionäre Bewegung am Rhein. Die reak-
tionären Kräfte behielten wie auch anderswo in
Deutschland die Oberhand.

Industrialisierung

Am Niederrhein vollzog sich im Laufe des 19.
Jahrhunderts eine radikale soziale Umwälzung,
die mit einem sprunghaften Anstieg der Bevölkerung in den traditionellen Gewerbestädten
aber auch in schnell aufstrebenden neuen Industriestädten verbunden war. Die traditionsreich-
ste Industrie am Niederrhein war der Textilbe-
reich. In den bergischen Zentren Elberfeld und
Barmen, die sich erst 1929 zur Kommune Wuppertal zusammenschlossen sowie in den linksrheinischen Städten Aachen – hier gab es außerdem schon Montanindustrie und Maschinenbau –, Mönchengladbach, Rheydt, Viersen und
Krefeld existierten schon um 1800 bedeutende
Fabriken, so daß Zeitgenossen in Anklang an
die mittelenglische Textilmetropole vom „rheinischen Manchester" sprachen. Die Erfindung
des mechanischen Webstuhls sorgte für einen
enormen Aufschwung.

Wegweisend für die Region war der Bau des ersten deutschen Dampfschiffes. Im Jahre 1830
lief in der vom Unternehmer Franz Haniel errichteten Werft in Ruhrort die „Stadt Mainz"
vom Stapel. Zusammen mit den Unternehmern
Franz und Hugo Stinnes aus Mülheim baute
Haniel ab den vierziger Jahren eigene Rad-
schleppdampfer für den Transport der Ruhr-
kohle. Einige Jahre zuvor hatte Haniel selbst
durch sein Engagement in einer Essener Zeche
die Zukunft der großindustriellen Produktion
im „Kohlenpott" vorgezeichnet.

Durch den Ausbau des Verkehrsnetzes und der
Verdichtung von Schienenwegen wurde seit

Während der Industriellen Revolution boomte der 1716 gegründete Duisburger Hafen, der innerhalb von zweieinhalb Jahrhunderten zum größten Binnenhafen der Welt wuchs.

den dreißiger Jahren der Industriestandort an Rhein, Ruhr und Wupper gestärkt. Die Köln-Mindener Eisenbahnlinie (seit 1847) verband das aufstrebende Ruhrgebiet mit Köln als der wichtigsten Industrie- und Handelsmetropole Westdeutschlands und war ein erster Schritt zur Schaffung einer kontinentalen Ost-West-Achse entlang dem Hellweg.

Sehr frühzeitig (1843) wurde darüber hinaus ein internationaler rechtsrheinischer Schienenweg zwischen Oberhausen und Arnheim geschaffen; eine weitere Nord-Süd-Trasse erschloß 1863 den linken Niederrhein zwischen Köln, Krefeld, Kleve und Nimwegen.

Am Ende des Jahrhunderts verfügte die dynamische Region am Niederrhein über eines der dichtesten Schienennetze der Welt, außerdem wurden mit dem Bau des Rhein-Herne- und des Dortmund-Ems-Kanals neue Schiffahrtswege für Transportgüter geschaffen. Zum Bau eines Rhein-Maas-Kanals, der zwischen Krefeld, Mönchengladbach und Venlo geplant war, kam es allerdings nicht.

Neben der Montanindustrie entstand in direkter Nachbarschaft die eisenverarbeitende Industrie. Der Essener Stahlfabrikant und spätere

„Kanonenkönig" Alfried Krupp schuf in wenigen Jahrzehnten ein Weltunternehmen, dessen Säulen sich nicht zuletzt auf die Rüstungsindustrie stützten.

Ein vergleichbares Stahlimperium schuf der Mülheimer Unternehmer August Thyssen. Der geographische Schwerpunkt der eisenverarbeitenden Industrie lag damit zwischen Essen, Oberhausen, Duisburg/Hamborn und Mülheim; der Abbau der Steinkohle verlagerte sich allmählich von Essen-Werden nach Norden. Linksrheinisch faßte der Bergbau bei Kamp-Lintfort, Moers-Kapellen, Tönisberg, Neukirchen-Vluyn und Rheinhausen Fuß.

Auch der Maschinenbau in und um Köln und Aachen sowie die chemische Industrie – genannt sei hier der Wuppertaler Friedrich Bayer, der 1891 in Leverkusen-Wiesdorf seine Firmenzentrale gründete – und der Braunkohlebergbau im Städtedreieck Köln-Aachen-Mönchengladbach nahmen einen rasanten Aufschwung.

Während die Bevölkerung in den ländlichen Gebieten des Niederrheins einigermaßen konstant blieb, kam es, besonders nach 1870, in den Industriehochburgen zu einer wahren Bevölkerungsexplosion. Frühere Ackerbürgerstädte wie Duisburg, Essen und Mülheim verzeichneten im Zuge der Industrialisierung einen riesigen Anstieg. Die Essener Bevölkerung potenzierte sich in einem Zeitraum von 50 Jahren um mehr als 1000 Prozent. Oberhausen, zu Beginn des Jahrhunderts als Kommune noch gar nicht existent, wuchs rasch zu einer Großstadt. Nach 1900 entstanden durch Zusammenschluß zum Dachverband so zahlreiche Großstädte in unserer Region. Ruhrort und Meiderich wurden mit Duisburg vereinigt (1905).

Später wuchsen im großangelegten Rahmen einer kommunalen Neugliederung des Rheinlandes (1929) Duisburg und Hamborn zusammen; Wuppertal entstand als Zusammenschluß der Gemeinden Barmen und Elberfeld, (1929). Die alte Residenzstadt Düsseldorf wuchs, ihrem Renommee angemessen, ebenfalls durch Eingemeindungen stark an. Linksrheinisch schlossen sich Krefeld und Uerdingen zusammen; das gleiche galt für Rheydt und Mönchengladbach (beides 1929).

Im Ruhrgebiet verfünffachte sich zwischen 1870 und 1914 die Bevölkerung. Aufgrund der zunehmenden Nachfrage an Produktionskräften wurden hier Arbeiter aus den Provinzen Westpreußen, Posen und Ostpreußen geworben, was zu einer gewaltigen Zuwanderung führte. Außerdem kam es zu einer Bevölkerungsexplosion durch ständig wachsende Familien.

Im Laufe der Zeit politisierte sich die neu entstandene Arbeiterklasse immer mehr, so daß sich ein Konflikt mit der unduldsamen preußischen Obrigkeit abzeichnete.

Vom Kulturkampf zum Ersten Weltkrieg

Nach der mißglückten Revolution von 1848 integrierte sich die Rheinprovinz und damit auch der Niederrhein in immer stärkerem Maße in den preußischen Gesamtstaat, auch wenn es nach wie vor – insbesondere konfessionelle –

Vorbehalte gab. Nach dem Sieg über Frankreich (1870/71) und der Reichsgründung gebärdeten sich die Niederrheiner genauso patriotisch und bisweilen auch chauvinistisch wie andere im nunmehr geeinten Deutschen Reich.

Dennoch wuchs zunehmend der politische Konfliktstoff. In der zweiten Hälfte des Jahrhunderts entwickelte das Proletariat allmählich ein politisches Bewußtsein. Unter Führung des Düsseldorfers Lassalle und des Deutzers August Bebel (1840-1913) formierten sich innerhalb der neuen sozialdemokratischen Bewegung zunächst zwei Parteien, die sich 1875 zur Sozialistischen Arbeiterpartei (SAP), der Vorgängerin der SPD, zusammenschlossen. Ihre Hochburgen hatte die Sozialdemokratie vor allem in den Industriestädten des Wuppertals, später auch im Ruhrgebiet.

Die vom Reichskanzler Otto von Bismarck erlassenen Sozialistengesetze (1878) bedeuteten für die junge Bewegung zunächst einen Rückschlag, da nunmehr die parteipolitische Agitation verboten wurde. Nach Aufhebung dieser Gesetze (1890) zeigte sich jedoch, daß die Partei gestärkt aus dieser Krise herauskam. Jetzt wurden zwei Organisationsbezirke eingerichtet: In Barmen für den Niederrhein, in Köln für den südlichen Teil der Rheinprovinz.

Mittlerweile wuchs das Wählerklientel der SPD auch im benachbarten Ruhrgebiet, wo seit den neunziger Jahren neugeschaffene Gewerkschaften, die der Sozialdemokratie nahestanden, Interessen der Arbeiter wahrnahmen.

Seit der Jahrhundertwende wurde der Streik als politisches Mittel „entdeckt", der von den Gewerkschaften in den Textil- und Bergarbeiterhochburgen nun häufiger erfolgreich initiiert wurde. Durch die Schaffung vielfältiger Arbeiterorganisationen wie Sport- und Bildungsvereinen entstand in den Industriestädten an Rhein, Ruhr und Wupper eine eigenständige Arbeiterkultur. Aufgrund des noch immer existierenden Dreiklassen-Wahlrechts war die sozialdemokratische Massenbewegung jedoch im Landtag und den Kommunen noch immer unterpräsentiert. Erst mit der Änderung des kommunalen Wahlrechts (1909) konnte sich die SPD auch hier verstärkt durchsetzen.

Eine weitere, für das niederrheinische Gebiet höchst bedeutende Kraft war der politische Katholizismus, der sich parteipolitisch im gleichen Zeitraum wie die Sozialdemokratie konstituierte und wie diese als politische Kraft nach wie vor Deutschland bis heute prägt.

Äußeres Ereignis, das zur Gründung der katholischen Zentrumspartei führte, war das erste Vatikanische Konzil (1870), auf dem die päpstliche Unfehlbarkeit verkündet wurde. Innerhalb der rheinischen Katholiken hatte dies eine Sogwirkung. Ein kleiner Teil – die sogenannten Altkatholiken – spalteten sich ab, während sich auf der anderen Seite die überwiegende Mehrheit als „Ultramontanisten" (= Anhänger der päpstlichen Lehre, für die der internationale Katholizismus Vorrang vor der Nation hatte) im Zentrum zusammenschlossen. Diese Partei war eine katholische Massenbewegung und wuchs aufgrund der konfessionellen Voraussetzungen sehr rasch zur stärksten politischen Macht am Niederrhein. Ihre regionalen Zentren lagen in

Mönchengladbach, Aachen und Köln, wo es traditionell eine starke katholische Arbeiterschaft gab. Fanden die Arbeiter in den vorwiegend protestantischen Gebieten des Bergischen Landes Barmen-Elberfeld und Solingen ihre politische Heimat meist in der Sozialdemokratie, so sahen die Arbeiter in den katholischen linksrheinischen Städten, aber auch im westlichen Ruhrgebiet (Essen, Meiderich) eher im Zentrum ihre Interessen vertreten.

Geistiger Vater der katholischen Arbeiterbewegung war der Kerpener Pfarrer Adolf Kolping (1813-1865), nach dem die bis auf den heutigen Tag existierenden Gesellenvereine benannt wurden. Daneben wurden weitere karitative Einrichtungen und Vereine ins Leben gerufen, so zum Beispiel die Arbeiterwohlfahrt (1880), die der Gladbacher Fabrikant Franz Brandt organisierte.

Allerdings war das Zentrum keine Partei, die ausschließlich die Interessen der katholischen Arbeiter vertrat, sondern vielmehr eine katholische Volkspartei, in der sich alle Gesellschaftsschichten vertreten sahen. Aus diesem Grund wurde die Partei, nach der Gemeindewahlreform von 1900 zur stärksten politischen Kraft im katholischen Rheinland. Noch scheiterte allerdings der Flügel, der den konfessionellen Rahmen der Partei sprengen wollte. Erst die aus dem Zentrum hervorgegangene CDU vollzog nach Ende des Zweiten Weltkrieges den Weg zum Überkonfessionellen.

Der preußisch-deutsche Staat bekämpfte den politischen Katholizismus genauso erbittert wie die Sozialdemokratie. Der sogenannte Kulturkampf (1871-1887) setzte schon kurz nach der Reichsgründung ein. Er führte zu einem schweren Konflikt zwischen der katholischen Mehrheit und der nationalliberalen Minderheit im Rheinland.

Im Zuge dieses Kulturkampfes wurden die Konfessionsschulen geschlossen und der Jesuitenorden sowie alle Ordensneugründungen verboten; darüber hinaus wurden die Bischöfe von Köln, Münster und Trier verhaftet und die Diözesen somit gewissermaßen aufgehoben.

Jedoch mußte Bismarck – ähnlich wie später bei den Sozialistengesetzen – schon sehr bald einsehen, daß diese harten Maßnahmen nicht griffen. Die Repressalien wurden zurückgenommen und die katholischen „Staatsfeinde" gingen gestärkt aus der Auseinandersetzung hervor. Bald kam es zur Versöhnung der Katholiken mit der Politik Bismarcks.

Im Gegensatz zur Sozialdemokratie wurde das Zentrum in der wilhelminischen Epoche (1890-1918) in zunehmendem Maße politisch „gesellschaftsfähig" und staatstragend.

Beim Kriegsausbruch (1914) wurde auch die niederrheinische Bevölkerung vom nationalistischen Taumel ergriffen – ein Beleg für die vollzogene Integration ins preußisch-deutsche Kaiserreich. Sowohl Sozialdemokraten als auch An-

Kölner Dom, Westfassade im Jahr 1871
(Stahlstich von J. Schreiner)

gehörige des Zentrums befürworteten den Krieg. Allerdings gab es innerhalb der SPD eine Minderheit, die den Krieg ablehnte und bereits 1914 in Düsseldorf und Duisburg Antikriegsdemonstrationen organisierte. Im Jahre 1917 spaltete sich dieser linken Flügel ab und gründete die USPD; die Ortsvereine von Neuss-Grevenbroich, Düsseldorf, Essen, Solingen, Duisburg und Barmen-Elberfeld schlossen sich dieser Partei um Karl Liebknecht und Rosa Luxemburg an. Spätestens im Hungerwinter 1916/17 – dem „Steckrübenwinter" – änderte sich die Haltung der niederrheinischen Bevöl-

kerung zum Krieg. Mit zunehmender Kriegsdauer wurden in den Industriestädten immer mehr Frauen für die Produktion verpflichtet, da die Männer an der Front waren. Ab 1918 nahmen die Arbeiterstreiks in den niederrheinischen Industriestädten zu, da die Lebensverhältnisse durch Mangelernährung und Verlust unerträglich wurden.

Bei Kriegsende war die Bevölkerung vollkommen ernüchtert und desillusioniert, von der nationalen Begeisterung und der Identifizierung mit dem preußischen Staat war wenig übrig geblieben.

IX. Weimarer Republik, Drittes Reich und Zerstörung

„Seit Jahrzehnten hat Deutschland keine ernstere Periode durchlebt als diese; das stärkste aber, was in solchen Zeiten geschehen kann ist: das Unrecht abtun."
(Walter Rathenau, deutscher Außenminister jüdischer Herkunft, der 1922 von Rechtsradikalen ermordet wurde)

Separatismus und Weltwirtschaftskrise

Im direkten Anschluß an das Ende des Krieges kam es im arg gebeutelten nördlichen Rheinland zu einer jahrelangen Krisenzeit, ausgelöst durch Besatzung und zahlreiche Umsturzversuche.

Ein kleines Gebiet westlich von Aachen (Eupen-Malmedy) mußte als Konsequenz des verlorenen Krieges an Belgien abgetreten werden.

Seit dem Sommer des Jahres 1918 war es in den rheinischen Großstädten zu Streiks gekommen. Schließlich verbreiteten sich im Zuge des Kieler Matrosenaufstandes, der das Ende des Krieges einläutete (November 1918) zunächst in Köln, dann aber auch in Düsseldorf und Duisburg revolutionäre Unruhen, für die vor allem der kommunistische Spartakusbund und unabhängige Sozialdemokraten verantwortlich waren. Die Kommunisten scheiterten im Frühjahr 1919 mit dem Versuch, eine Räteherrschaft aufzubauen. Ein Jahr später schlug die Reichswehr Arbeiteraufstände in den Städten an Rhein und Ruhr nieder, womit die revolutionäre Nachkriegsphase beendet war. Hochburgen der blutigen Auseinandersetzungen waren Hamborn und Meiderich. Ruhiger wurden die Zeiten jedoch nach der Niederschlagung des Generalstreiks nicht.

Nach dem verlorenen Krieg stand wieder einmal der Rhein als mögliche Grenze Frankreichs zur Debatte. Das Land am Strom wurde militärisch von den Alliierten besetzt, im Versailler Vertrag (1919) wurde dies staatsrechtlich bestätigt. Während das südliche Rheinland von Franzosen okkupiert wurde, gelangte die Gegend zwischen Köln und Bonn unter englische, der linke Niederrhein zwischen den Zentren Krefeld und Aachen zunächst unter amerikanische Militärverwaltung. Für Handel und Wirtschaft wirkte sich diese Besetzung katastrophal aus.

Auch leistete die Besatzung separatistischen Tendenzen Vorschub. Mit dem Schlagwort „Los von Berlin" kämpfte die sogenannte „Rheinlandbewegung", deren Vordenker meist Zentrumspolitiker waren, für den Abfall der rheinischen Gebiete; indes scheiterte das Vorhaben, eine unabhängige „Rheinische Republik" ins Leben zu rufen (1919) nicht zuletzt am Widerstand der Bevölkerung.

Die Tatsache, daß die im Versailler Vertrag festgelegten übermäßigen Sanktionen von der krisengeschüttelten deutschen Volkswirtschaft

nicht mehr turnusgemäß geleistet werden konnten, bot der französischen Führung einen willkommenen Anlaß, drastische Maßnahmen zu
ergreifen.

Im Januar 1923 besetzten französische und bel-
gische Truppen unter internationalem Protest
den Niederrhein und das Ruhrgebiet, worauf
der damalige Reichskanzler Cuno die Bevölkerung zum passiven Widerstand aufrief. Es kam
auch zu bewaffneten Anschlägen auf Militärein-
richtungen, denen Menschen zum Opfer fielen.
Die Besatzungsmacht reagierte mit Verhaftungen und Hinrichtungen. Prominentester Delin-
quent wurde der nationalistische Freischärler
Albert Schlageter († 1923) aus Düsseldorf, den
die Nationalsozialisten später zum Freiheitshel-
den stilisierten.

Auf Dauer ließ sich der von der Reichsregierung
geforderte passive Widerstand nicht aufrecht erhalten und hatte eine Inflation nie gekannter
Dimensionen zur Folge, die im Herbst 1923
ihren Höhepunkt erreichte. Leidtragende wurden vor allem die Angehörigen des Mittelstan-
des. Bisweilen reagierte die Bevölkerung mit
Galgenhumor auf die astronomischen Bankno-
ten ohne Wert: „Et is en Uosel in de Welt, vüel
Papier on wenig Jeld" war ein geflügelter niederrheinischer Spruch, der die Situation sehr
treffend wiedergab.

Noch chaotischer wurde die Situation im nördlichen Rheinland durch die wieder auflebende
Separationsbewegung, die Duldung und Unterstützung von französischer Seite erfuhr. In Koblenz wurde Joseph Matthes als provisorischer
Ministerpräsident der rheinischen Republik

Presseresonanz der Separatistenkämpfe (1923)

eingesetzt. In Städten wie Aachen, Krefeld und
Düsseldorf kam es zu blutigen Putschversuchen,
die letztlich jedoch am breiten Widerstand der
Bevölkerung scheiterten und sehr schnell zu-
sammenbrachen. Auch der Kölner Oberbürgermeister und Zentrumspolitiker Konrad Adenauer (1876-1967) distanzierte sich von den Se-
paratisten, obgleich er zeitweise für eine Loslö-
sung des Rheinlandes von Preußen und für eine
eigene rheinische Währung plädierte. Die große
Masse der Bevölkerung zeigte bei der rheinischen Tausendjahrfeier (1925) – im Gedenken
daran, daß das lothringische Mittelreich im Jahr
925 an das ostfränkisch-deutsche Reich fiel –
demonstrativ ihre Zugehörigkeit zum Deutschen Reich.

Schließlich beruhigte sich die politische und wirtschaftliche Lage am Niederrhein ein wenig. Ab dem Spätjahr 1923 wurde die Reparationsfrage neu erörtert, die Forderungen wurden maßvoller. Eine Währungsreform beendete die Inflation. Zwischen 1924 und Januar 1926 verließen die Besatzungstruppen das Ruhrgebiet und den Niederrhein.

Es folgte eine dreijährige Phase, die relative Stabilität und einen bescheidenen wirtschaftlichen Aufschwung versprach. Diese Zeit endete schlagartig mit dem New Yorker Börsenkrach im Oktober 1929. Nun war auch der Niederrhein von Massenarbeitslosigkeit, Verelendung und politischer Radikalisierung betroffen.

In den Industriestädten profitierte politisch vor allem die KPD von der zunehmenden Verschlechterung der Lebensverhältnisse und der steigenden Zahl Erwerbsloser. Während die SPD mehr und mehr Wähler verlor, blieb das Zentrum vor allem am linken Niederrhein stärkste Partei und relativ konstant. Jedoch stieg seit 1929 die NSDAP in der Wählergunst, wenngleich auch nicht so schnell wie im übrigen Reichsgebiet. Allerdings ist es unbestreitbar, daß sie immer mehr Anhänger innerhalb der niederrheinischen Arbeiterklasse und dem verarmten Mittelstand fand.

Nach Hitlers Rede vor den Angehörigen des Düsseldorfer Industrieclubs (1932) unterstützten einzelne Großunternehmer die NSDAP mit Wahlkampfgeldern. Mit der nationalsozialistischen Machtübernahme bekundeten dann die meisten Großunternehmer ihre Treue zum Regime.

Ein verhängnisvolles Bündnis: Fritz Thyssen (1873-1951) und Adolf Hitler nach dessen Rede auf dem Düsseldorfer Industrietag (Januar 1932)

Die nationalsozialistische Machtergreifung und ihre Folgen

Die Reichstagswahlen vom 30. Januar 1933 läuteten das schlimmste Kapitel der niederrheinischen Geschichte ein.

Zwar hatten es die Nationalsozialisten in der vorwiegend katholischen Region und den Zentrumshochburgen zunächst noch etwas schwerer als anderswo, die Bevölkerung hinter sich zu bringen; noch bei den Märzwahlen des Jahres 1933 erhielt das Zentrum mehr Stimmen als die NSDAP. Durch das Konkordat von 1933 fand die Politik der Hitler-Partei auch Zuspruch beim Gros der katholischen Masse, wobei es jedoch vereinzelten – politischen und kirchlichen – Widerstand gab.

In den traditionellen Hochburgen der KPD kam es bis zu ihrem Verbot zu gewalttätigen Auseinandersetzungen, schließlich zu zahlreichen Verhaftungen.

Auch Stadtoberhäupter, die bei den letzten freien Wahlen gewählt wurden und der NSDAP nicht angehörten, wie der Duisburger Oberbürgermeister Karl Jarres (DVP) und der schon erwähnte Konrad Adenauer aus Köln, wurden abgesetzt und arretiert.

Das sogenannte „Führerprinzip" wurde nun auch in unserer Region zur beherrschenden totalitären Maxime. Die Provinziallandtage wurde zerschlagen, das nördliche Rheinland in drei Gaue eingeteilt. Die „Gauhauptstädte" waren Essen, Düsseldorf und Köln. An der Spitze dieser Verwaltungshierarchie standen die allgewaltigen Oberpräsidenten der Rheinprovinz, von denen interessanterweise der erste, der 1933 eingesetzt wurde, der Deutschkatholik Ferdinand Freiherr von Lüninck, kein Mitglied der NSDAP war. Das änderte sich mit seinem Nachfolger, dem Essener Gauleiter Josef Terboven (seit 1935), der einen Kleinkrieg um Kompetenzen mit den einzelnen Gauleitern führte. Auch stammten zwei der einflußreichsten nationalsozialistischen Politfunktionäre aus der Region: Es handelt sich um den in Rheydt geborenen Reichspropagandaminister Joseph Goebbels und den aus Niederbreidenbach stammenden Robert Ley, der verantwortlich für die gewaltsame Auflösung der Gewerkschaften war.

Im Laufe der Zeit nahm die Partei einen immer größeren Einfluß auf die Niederrheiner; der Widerstand, so vorhanden, wurde immer geringer.

Als die Reichswehr 1936 in das entmilitarisierte Rheinland einrückte, was ein Verstoß gegen den Versailler Vertrag war, reagierte der weitaus größte Teil der Bevölkerung freudig auf diesen Coup. Selbst der Kölner Erzbischof Kardinal Josef Schulte sprach den Truppen seinen Dank aus.

Im Zuge der Rheinlandbesetzung und mehr noch: dem Ausbau des Westwalls im deutsch-belgischen Grenzgebiet wurden immer mehr Arbeitsplätze geschaffen und die regionale Bauwirtschaft wiederbelebt. Der eigentliche Grund dieser Maßnahmen, die schlichtweg der Kriegsvorbereitung dienten, wurde nicht erkannt.

Widerstand gegen die NS-Politik rührte sich vor allem seitens der katholischen Kirche, die insbesondere um ihre durch das Konkordat garantierten, aber staatlich verfehmten Organisationen und öffentliche Religionsausübung kämpfte. Bei Teilen der Bevölkerung rief die antiklerikale NS-Politik Verbitterung und Widerspruch hervor.

Auf evangelischer Seite zeichnete sich ein Arrangement mit dem NS-Staat durch die Gründung der „Deutschen Christen" ab. Doch auch hier gab es Widerstand. Als Reaktion auf die staatliche Anbiederung und den Opportunismus der Glaubensbrüder gründete sich um den Pfarrer Martin Niemöller (1892-1984) die „Bekennende Kirche", deren erste Synode 1934 in Wuppertal-Barmen stattfand. Hier beschlossen die Mitglieder der Bekennenden Kirche das „Barmer Bekenntnis", das sich dezidiert gegen die „deutschen Christen" richtete. Sehr offen bekundeten sie ihre Solidarität mit den Verfolgten des Systems. Eine weitere oppositionelle Bewegung, die vor allem im Untergrund agierte, war die Jugendorganisation der sogenannten „Edelweißpiraten." Ihre Mitglieder traten meist in Industriestädten wie Duisburg, Düsseldorf, Mönchengladbach und vor allem Köln in Erscheinung, wo sie sich während der Kriegszeit Auseinandersetzungen mit der Hitlerjugend lieferten. Im Zuge der staatlichen Verfolgung wurden viele ihrer Mitglieder eingesperrt und einige hingerichtet.

Das Schicksal niederrheinischer Juden

Das schlimmste Verbrechen, dessen sich die nationalsozialistische Schreckensherrschaft schuldig machte, war die mit Schikanen und alltäglichem Terror beginnende Deportation und Vernichtung von Menschen jüdischer Herkunft.

Juden lebten hier, seitdem das römische Reich am Niederrhein Fuß gefaßt hatte und die ersten Städte entstanden waren.

Phasen staatlicher Duldung wie unter Karl dem Großen hatten mit Zeiten schlimmer Verfolgung gewechselt. Der erste Kreuzzug (1096) hatte einen ersten schlimmen Höhepunkt bedeutet. Während christliche Heere sich angeschickt hatten, Jerusalem zu „befreien", war es in unserer Region zu Massakern an der jüdischen Bevölkerung gekommen. „Tod oder Taufe" hatte der entfesselte Pöbel skandiert. In Köln, Neuss, Xanten, Geldern, Eller, Wevelinghoven, Moers bzw. Meer(busch) waren Juden umgebracht worden, da sie in den Augen der fanatisierten Masse „Gottesmörder" und Feinde der Christenheit waren.

Um 1350 waren niederrheinische Juden für die Ausbreitung der Pest verantwortlich gemacht worden und fielen wieder zahlreichen Pogromen zum Opfer.

Ab dem 18. Jahrhundert hatte sich unter preußischer Ägide zunehmend die Rechtslage der hier lebenden Juden verbessert. Der Gleichheitsgedanke der französischen Revolution hatte einen weiteren wichtigen Schritt im Hinblick auf die bürgerliche Emanzipation bedeutet, die seit dem Emanzipationsedikt (1812) in der preußischen Rheinprovinz nur noch eine Frage der Zeit zu sein schien, selbst wenn jemand wie Heinrich Heine, der jüdischer Herkunft war, aus Düsseldorf nach Paris emigrieren mußte.

Auch seitens der jüdisch-
deutschen Bevölkerung war
es zu einer Identifikation
mit dem preußischen Staat
und dem Deutschen Reich
gekommen. Tausende Juden
hatten als Soldaten im Ersten Weltkrieg ihr Leben für
Kaiser, Volk und Vaterland
verloren. Mit der nationalsozialistischen Machtübernahme änderte sich dann
schlagartig die Situation für
die jüdische Bevölkerung,
auch wenn die Verfolgung
aufgrund der Grenzlage zu
den westeuropäischen Nach-
barstaaten zunächst in der
Rheinprovinz noch nicht so
ganz offensichtlich wie in
anderen Teilen des Reiches
durchgeführt wurde.

Während der Weimarer Re-
publik waren knapp 1 % der
in den Regierungsbezirken
Düsseldorf, Köln und Aa-
chen lebenden Bevölkerung
Juden. Im Jahr der Machtübernahme emigrierten zahlreiche Menschen jüdischer
Herkunft aus dem Rhein-
land ins Ausland; bis zum
Jahr 1938 verlangsamte sich
die Emigration etwas.
Während im Regierungsbe-

zirk Düsseldorf im Jahr 1933 noch 22.240 Menschen jüdischen Glaubens lebten, sank ihre Zahl durch Emigration bis 1939 auf 8.664 Personen. Im Jahr 1950 lebten hier nur noch 831 Juden, die ehemals blühenden Gemeinden waren durch Flucht und Ermordung zerstört.

Obwohl die katholische Bevölkerung, wie bereits erwähnt, bisweilen relativ kritisch die Aktionen des Regimes beäugte – sofern sie die Kirche betrafen – gab es doch sehr selten Solida-

ritätsbekundungen mit den verfolgten Juden. Hier wirkte ein unterschwelliger kirchlicher Antisemitismus nach, der noch aus dem Mittelalter stammte.

Der Terror, dem die niederrheinischen Juden ausgesetzt waren, läßt sich in mehrere Perioden gliedern, wobei er sich kontinuierlich verschärfte. In den ersten Jahren kam es zu „wilden" und spontanen antisemitischen Aktionen. Zwischen 1935 und 1938 wurde dann die jüdische Isolierung forciert, der antisemitische Aktionismus gestaltete sich mit Verabschiedung der berüchtigten Nürnberger Rassegesetzen (September 1935) planmäßiger.

Die Ermordung des deutschen Diplomaten von Rath durch den Juden Herschel Grünspan in Paris im November 1938 lieferte dem Nazi-Regime den willkommenen Anlaß, ein Pogrom zu starten. Am 9. November des Jahres 1938 brannten alle Synagogen am Niederrhein wie auch anderswo im Reich bis auf die Grundmauern nieder. Diese geplante Aktion der NS-Führung war das Fanal für die Ausweitung des antisemitischen Terrors. Auf die Zerstörung und Plünderung der jüdischen Geschäfte, der Konfiszierung und zynisch genannten „Arisierung" jüdischer Betriebe, folgte ab 1941/42 die Deportation der am Rhein gebliebenen Juden nach Theresienstadt und die Vernichtungslager im Osten. Die Wenigsten überlebten.

Die alte Krefelder Synagoge (Seite 74)

Ein Akt der Barbarei: das Gotteshaus am 9. November 1938 (links)

Zerstörung und Befreiung

Der Kriegsausbruch im September 1939 hatte zunächst keine unmittelbaren Auswirkungen für das Land am Niederrhein. Zwar überflogen in den ersten Tagen englische Bomber die Städte; sie warfen vorerst jedoch nur Flugblätter ab. Das änderte sich jedoch ab 1941/42, als die Luftschlacht um England, in der deutsche Verbände in London und Coventry große Zerstörungen angerichtet hatten, zugunsten der Briten ausging, die deutsche Front vor Moskau zum Stillstand kam und Amerika in den Krieg eintrat. Die Royal Airforce hatte seit 1940 bereits Industrieobjekte im Ruhrgebiet wie beispielsweise die Duisburger Kupferhütte angegriffen und forcierte nun den Luftkrieg. Alle Industriestädte an Rhein und Ruhr wurden bschossen, die Luftangriffe wurden immer schwerer. Wohnviertel und Industrieanlagen gerieten gleichermaßen in die Fadenkreuze der Bomberverbände. Im gleichen Maße, in dem die Verteidigungsmöglichkeit auf deutscher Seite abnahm, wurde sie auf alliierter Seite stärker. Im Mai 1942 erfolgte der erste „1000- Bomber-Angriff" auf Köln; ein Jahr später tobte der monatelange Luftkampf um das Ruhrgebiet, in dem sämtliche Städte in Schutt und Asche versanken. Bis zum Kriegsende blieb die demoralisierte Zivilbevölkerung diesen Angriffen tags- wie nachtsüber ausgeliefert.

Die kleineren Städte und Gemeinden am nordwestlichen Niederrhein und in der niederrheinischen Börde waren bisher noch relativ glimpflich davongekommen. Das änderte sich, als die Alliierten nach der geglückten Invasion in der Normandie dem Reich näherkamen.

Nun wurden auch Städte wie Emmerich aus der Luft beschossen und zerstört. Bald darauf entbrannte im Aachener Raum und im Kreis Kleve ein infernalischer Luft-Bodenkampf. Aachen war die erste Stadt auf Reichsgebiet, die von den Amerikanern erobert und befreit wurde (Oktober 1944), der Krieg ging jedoch mit zunehmender Heftigkeit weiter.

Jülich und Düren im Süden sowie Wesel und Emmerich im Norden waren zu beinahe 100 Prozent zerstört, Kleve, Xanten, Goch und Kalkar glichen infolge des Dauerbeschusses einer Wüstenlandschaft, in den anderen niederrheinischen Kommunen sah es kaum besser aus.

Im März des Jahres 1945 überquerten anglo-amerikanische Truppen mit einer gigantischen logistischen Unterstützung von 6000 Maschinen den Niederrhein auf breiter Front und drangen ins Ruhrgebiet vor. Einen Monat vor Kriegsende war der Niederrhein befriedetes Gebiet, doch es herrschte eine Friedhofsruhe. Das Land war komplett zerstört, die Städte vernichtet und entvölkert.

In der heutigen Millionenstadt Köln lebten im April 1945 keine 50.000 Einwohner.

Die Menschen in den besetzten Gebieten wußten, daß der Krieg für sie vorüber war. Es herrschte kein Gefühl der Befreiung, vielmehr überwog die Erleichterung über die Beendigung des Krieges und eine gewisse Apathie.

Lediglich die Minderheit derer, die vom Nazi-Regime verfolgt worden waren, fühlte sich von Anfang an tatsächlich befreit.

*Von Philadelphia an den Rhein: Amerikanische
Soldaten im April 1945*

*Seite 77: Die ehemals blühende Hansestadt Wesel
wurde während der Angriffe im Frühjahr 1945
zu fast 100 Prozent zerstört.*

X. Neues Land mit neuen Chancen

„Das häufig mit negativem Beigeschmack als ˋBindestrich-Landˋ charakterisierte Bundesland NRW stand seit seiner Gründung durch die alliierten Besatzungsmächte immer vor dem Problem der Überwindung bestehender landsmannschaftlicher Trennlinien. Es gab aus der Zeit vor 1946 keine Kontinuitätsangebote auf der staatlichen bzw. herrschaftlichen Seite, denn die Gebiete des Landes NRW waren vorher nie ein zusammenhängendes Territorium gewesen."

(Georg Mölich, Landesbewußtsein, 1993)

Land aus der Retorte oder Kontinuität? Die Gründung Nordrhein-Westfalens

Nachdem die Amerikaner im besetzten Rheinland eine provisorische Verwaltungsstruktur aufgebaut hatten, übernahmen die Briten am 21. Juni 1945 die Nord-Rheinprovinz mit den Regierungsbezirken Düsseldorf, Köln und Aachen. Das Gebiet war nun Bestandteil der britischen Besatzungszone, wogegen das südliche Rheinland unter französische Militärverwaltung fiel. Oberpräsident der Provinz Nordrhein wurde der frühere Düsseldorfer Oberbürgermeister Rudolf Lehr. Seit dem Frühjahr 1946 beriet die „Control Commission for Germany/British Element" (CCG/BE = oberste britische Besatungsbehör-

de) über die Neugründung deutscher Länder in ihrer Zone. Eine Internationalisierung des Ruhrgebiets, das nach dem Wunsch Frankreichs wie Berlin einen Vier-Mächte-Status erhalten sollte, lehnten die britischen Politiker ebenso ab wie eine Einflußnahme Stalins.

Es stellte sich nun die Frage ob die Besatzungszone künftig in drei oder in vier Länder geteilt werden sollte. Letzteres, für das sich vor allem die SPD um ihren Vorsitzenden Kurt Schumacher, aber auch die KPD und die neugegründete FDP, stark machte, hätte weiter die Trennung von Rheinland und Westfalen bedeutet. Die Befürworter dieser Trennung befürchteten vor allem eine preußischen Renaissance.

Indes fällten im Juni 1946 die Mitglieder der CCG/BE um General Robertson ihre Entscheidung zugunsten der „großen Lösung", was den Zusammenschluß beider Teile unter Einschluß des Ruhrgebiets bedeutete. Ausschlaggebend war das Argument, daß man von britischer Seite einem starken deutschen Zentralstaat durch die Stärkung der Länder entgegenwirken wollte. Außerdem sah man die Notwendigkeit, einen Ausgleich zwischen der Städtelandschaft an Rhein und Ruhr und den landwirtschaflich bedeutenden Teilen Westfalens zu schaffen, um so eine leistungsstarke Wirtschaft zu etablieren.

Von Mitgliedern der neu entstanden CDU, nicht zuletzt vom Vorsitzenden Konrad Adenauer, wurde diese Lösung begrüßt. Am 23. August 1946 war es soweit: Die ehemalige preußische Provinz Westfalen und die nördliche Rheinprovinz wurden zum neuen Land Nordrhein-Westfalen vereint. Gleichzeitig entstanden Schleswig-Holstein und Niedersachsen. Ein Jahr später wurde dem Land NRW noch Lippe-Detmold angeschlossen, womit der Prozeß endgültig abgeschlossen war.

Zum ersten Ministerpräsidenten wurde auf Weisung des britischen Landesbeauftragten William Asbury der parteilose Oberpräsident von Westfalen, Rudolf Amelunxen, ernannt. Zwei Monate später, am 2. Oktober 1946, trat im Opernhaus der neuen Landeshauptstadt Düsseldorf erstmalig der ebenfalls auf britische Weisung ernannte Landtag zusammen. Nach den ersten freien Landtagswahlen vom 20. April 1947 stellte die CDU die Regierung; Amelunxen wurde bald darauf von Karl Arnold (1901-1958) als Ministerpräsident abgelöst. Deren Kompetenzen waren allerdings vorerst noch gering, weil die Souveränität in den Händen der britischen Militärregierung lag.

Am 1. Januar 1947 kam es zur wirtschaftlichen Vereinigung der britischen und amerikanischen Zone, ein Jahr später schloß sich die französische Zone an: aus der Bi-Zone wurde die Tri-Zone.

Der Marshall-Plan vom April 1948 beschleunigte den wirtschaftlichen Aufbau Westdeutschlands und kam insbesondere dem industriellen Kernraum an Rhein und Ruhr zugute. Dennoch wurden im Zuge der Kriegsentschädigung noch bis zum Spätjahr 1949 Fabrikanlagen in unserer Region – mittlerweile war die Bundesrepublik gegründet – demontiert. Betroffen waren u.a. das Krupp-Stahlwerk in Essen-Borbeck sowie die Thyssen-Hütte in Duisburg-Hamborn. Solche Maßnahmen trafen auf scharfe, aber erfolglose Proteste der Beschäftigten und der Bevölkerung insgesamt, die noch Jahre nach dem Krieg in Hunger und Elend lebte.

Die Gründung des Landes durch Zusammenlegen zweier Provinzen war ein Akt, der sich auf rationelle Vernunft und Kalkül der Besatzungsmacht stützte.

Das Land war insofern künstlich, als es in solch territorialer Form niemals zuvor existiert hatte. Jedoch blieben, anders als in der Zeit der französischen Herrschaft, die innere Verwaltungsstruktur unangetastet und die Regierungsbezirke erhalten. Des weiteren gab es seit der Zeit der Kurkölner und Jülich-klevischen Territorialherren zahlreiche historisch gewachsene Bindungen zwischen Rheinländern und Westfalen, und in preußischer Zeit gehörten beide als Provinzen demselben Staatswesen an. Schließlich war das Ruhrgebiet bereits vor der Existenz des Landes eine Klammer mit Modellcharakter, da hier frühzeitig beide Landesteile auf kleinem Raum verschmolzen. Wie sich zeigen sollte, war das zukunftsweisend.

Ein halbes Jahrhundert NRW

Seit mehr als einem halben Jahrhundert ist die niederrheinische Region integrierter Bestandteil Nordrhein-Westfalens. Wenn es Anfangs Vorbehalte der betroffenen Bevölkerung, die nicht gefragt worden war, gegen das „Bindestrich-Land" gegeben hatte, wurden diese im Lauf der Zeit überwunden.

Ab den achziger Jahren gibt es ein identitätsstiftendes nordrhein-westfälisches „Wir"-Gefühl, das als Slogan von der Politik aus der Taufe gehoben wurde.

Die Landschaftsverbände Rheinland und Westfalen, die das Erbe der preußischen Provinzialverbände nach dem Krieg antraten, sind bis heute landsmannschaftlich getrennt. Vier Bereiche umfaßt der rheinische Landschaftsverband: Landschaftliche Kulturpflege, Soziales, Kommunalwirtschaft und das Straßenwesen. Die Einrichtung der kommunalen Selbstverwaltung für das Rheinland hat ihren Sitz in Köln.

Bei der neuen nordrhein-westfälischen Kommunalverfassung stand nicht das preußische , sondern das englische Modell Pate. Diese Verfassung berechtigt den Stadtrat, einen ehrenamtlichen Bürgermeister zu ernennen, während der beamtete Stadtdirektor als Chef der Verwaltung an die Ratsweisungen gebunden ist. Dieses fünfzigjährige System der „Doppelspitze" wird zur Jahrtausendwende zugunsten der monokratischen Ratsspitze reformiert, wobei auf den Stadtdirektor verzichtet wird. Der gewählte Bürgermeister steht dann gleichzeitig an der Verwaltungsspitze.

Aufgegeben wurde der Aachener Regierungsbezirk, der mit Köln zusammengelegt wurde. Düsseldorf und Köln stellen nun zwei der insgesamt fünf Regierungsbezirke des Landes.

Im Jahr 1975 kam es im Zuge der „kommunalen Neugliederung" zu einschneidenden Gebietsveränderungen für nahezu alle Gemeinden am Niederrhein. Bei dieser Gebietsreform entstanden zahlreiche neue Städte durch Zusammenlegung bisher selbständiger Gemeinden. Die historischen Kreise veränderten sich radikal, und die Großstädte wuchsen durch Eingemeindungen. So wurde im Zuge dieser Reform der Altkreis Geldern dem Kreis Kleve zugeordnet; die vormals kreisfreie Stadt Viersen erhielt den Kreissitz über den vormaligen Kreis Kempen-Krefeld; die Kreise Moers, Dinslaken und Rees bilden seitdem den Kreis Wesel; der Altkreis Grevenbroich fiel jetzt an den neugeschaffenen Kreis Neuss. Neu entstanden auch die Kreise Heinsberg, Düren, Aachen, der Erftkreis und der Kreis Mettmann, während die meisten Großstädte unserer Region nach großzügigen Eingemeindungen kreisfrei blieben.

Die Gebietsreform war zunächst begleitet von Irritationen verschiedener Verbände. Sie blieb umstritten und hatte zahlreiche Gemeindeklagen zur Folge, von denen einige wenige auch erfolgreich waren, wurde letzen Endes jedoch durchgesetzt.

In landespolitischer Hinsicht war in den letzten 50 Jahren eine Akzentverlagerung seitens der Wähler feststellbar.

War bis zum Ende der sechziger Jahre die CDU die stärkste Partei des Landes, verlagerte sich das Gewicht von da an deutlich hin zur SPD, die ab 1980 eine absolute Mehrheit hatte. 1995 mußten die Sozialdemokraten allerdings eine Koalition mit den Grünen eingehen, die die Landespolitik als dauerhaft drittstärkste Kraft seit den beginnenden 80er Jahren bereicherten.

Ökologische Hypothek: Braunkohletagebau Garzweiler

Mit der Braunkohleförderung, die im niederrheinischen Revier zwischen Mönchengladbach, Aachen, Köln und Euskirchen nach wie vor betrieben wird, gibt es seitdem einen schwelenden und unlösbar scheinenden Konflikt zwischen den Grünen und den „etablierten" Parteien. Die Kosten für die Ausbeutung der riesigen Ressourcen bestehen in der Umsiedlung ganzer Dörfer und damit verbunden: der Zerstörung von alter Architektur und Kulturland sowie Grundwasserabsenkungen und Schadstoffausstoß.

Seit Bestehen des Landes entwickelte sich der Niederrhein zu einer einzigartigen Bildungs- und Kulturlandschaft. Zahlreiche Hochschulen wurden neben den etablierten, wie der in der Weimarer Republik wiedergegründeten Kölner Universität neu geschaffen. Zwischen 1972 und 1974 entstanden in Duisburg, Essen und Wuppertal Gesamthochschulen.
Außerdem wurde die Heinrich-Heine-Universität Düsseldorf gegründet, daneben die Fachhochschule Niederrhein in Krefeld/Mönchengladbach.

Auch die Museumslandschaft ist einzigartig und vielseitig. Beispielhafte Neugründungen sind das Museum Abteiberg in Mönchengladbach, das Düsseldorfer Heinrich-Heine-Museum, das Duisburger Lehmbruck- und Krefelder Textilmuseum und nicht zuletzt Schloß Moyland in Bedburg-Hau mit seiner riesigen Joseph-Beuys-Sammlung.

Dieses Schloß präsentiert in einer einzigartigen Symbiose Natur, moderne Kunst und mittelalterliche Architektur.

Auch entstand entlang der Rheinschiene, die sich durch ein riesiges Angebot an Theatern und Opernhäusern zwischen Bonn und Duisburg auszeichnet, eine Musicaldichte, die weltweit einzigartig ist. In Alsdorf bei Aachen, Köln, Düsseldorf, Mönchengladbach, Duisburg und Essen wurden Festspielhäuser erbaut, die einzig und allein der Aufführung weltbekannter Musicals dienen.

Seit einigen Jahren befindet sich die Region allgemein in einem gewaltigen strukturellen Wandel. Durch den Weg-

Ein einzigartiges Ensemble aus Mittelalter und Moderne: das 1997 eröffnete Museum Schloß Moyland

fall traditioneller Industrien – in erster Linie Stahl, Kohle und Textil – wuchs die Arbeitslosigkeit enorm. Der Dienstleistungsbereich ist ein Sektor, der dem Zusammenbruch dieser Industrien gegensteuern kann und somit vielleicht ein effektives Gegenmittel gegen die Arbeitslosigkeit wird. In Städten wie Düsseldorf und Köln konzentrieren sich immer mehr Medienkonzerne.

Durch Zuzug von Vertriebenen, Ausländern und Aussiedlern veränderte sich die Bevölkerungsstruktur am Niederrhein in den letzten 50 Jahren maßgeblich. Infolge der Kriegseinwirkungen kamen zunächst zahlreiche Menschen aus den ehemaligen ostdeutschen Gebieten an den Rhein und wurden hier ansässig. Seit den sechziger Jahren wurden Arbeitnehmer in süd- und südosteuropäischen Ländern angeworben, die mittlerweile in der zweiten und dritten Generation mit ihrer Familie am Niederrhein leben. Die hier geborenen Kinder und Enkel haben als „Einheimische mit fremdem Paß" eine weitaus engere Beziehung zu ihrer niederrheinischen Umwelt aufgebaut als zur Herkunft ihrer Eltern und begreifen sich längst nicht mehr als Fremde. Seit den achtziger Jahren gelangen zunehmend auch Aus- und Übersiedler aus den Ländern der ehemaligen Sowjetunion in unsere Region, in der sie eben-

falls eine neue Heimat finden. Auch zahlreiche Asylsuchende aus der Dritten Welt leben mittlerweile am Niederrhein.

Inwieweit eine Integration der zahlreichen ethnischen Gruppen erfolgreich vollzogen werden kann, wird die Zukunft klären. Ebenso wird sich künftig zeigen, ob im Europa der Regionen die Euregionen Rhein-Maas-Nord und Rhein-Waal die an sie gestellten Herausforderungen annehmen und umsetzen werden und in zunehmenden Maße grenzüberschreitend agieren können. Historisch gesehen, könnten sich hier dauerhaft Perspektiven öffnen, um den alten Kulturraum an Rhein und Maas aus seinem engen nationalstaatlichen Korsett zu befreien. Mit der Staatsgrenze kann so auch die Grenze in den Köpfen überwunden werden.

Innovative bildungspolitische und architektonische Akzente: Die „Keksdosen" der neuen Duisburger Universität

84

Zeittafel

1000-58 v. Chr.	Während der späten Bronze- und Eisenzeit siedeln keltische und germanische Stämme am Niederrhein, die Träger der niederrheinischen Grabhügelkultur sind.
58-51 v. Chr.	Cäsar erobert Gallien und den linken Niederrhein.
50 n. Chr.	Gründung Kölns
69/70	Der Bataveraufstand erschüttert das Rheinland.
Um 100	Das Militärlager Xanten wird von Kaiser Trajan zur Stadt erhoben.
Ab 259	Franken und Alemannen überfallen das römische Gebiet links des Rheins.
310	Kaiser Konstantin läßt zwischen Köln und Deutz eine feste Brücke bauen.
314	Maternus ist erster nachweisbarer Erzbischof von Köln.
Ab 401	Nach dem Abzug römischer Legionen siedeln fränkische und burgundische Stammesverbände am linken Niederrhein.
454	Köln wird von den Franken erobert. Das ripuarische Teilreich entsteht.
497	Bei Zülpich besiegt der Merowingerkönig Chlodwig die Alemannen.
Ab 507	Der Niederrhein ist Bestandteil des Merowingerreiches.
690	Beginn der anglo-irischen Mission
Um 740	Gründung der Königshöfe Wesel und Duisburg
751	Mit der Krönung Pippins beginnt die karolingische Herrschaft.
794	Aachen wird Residenz Karls des Großen (768-814).
800	Karl der Große wird in Rom zum Kaiser gekrönt.
843	Reichsteilung von Verdun: Der Niederrhein wird Bestandteil des Mittelreiches, der „Kegelbahn".
863	Die Normannen zerstören Xanten und Neuss. In den folgenden Jahrzehnten wird der Niederrhein von weiteren Überfällen heimgesucht.
870	Im Vertrag von Meersen wird das Mittelreich aufgeteilt; der Rhein-Maas-Raum fällt an das Ostreich.
936	Bei Xanten besiegt König Otto I. den Lothringer Herzog Giselbrecht; der Niederrhein verbleibt endgültig beim ostfränkischen Reich.
953	Otto I. ernennt seinen Bruder Erzbischof Bruno von Köln zum lothringischen Herzog.
1063	Beim Staatsstreich von Kaiserswerth setzt der Kölner Erzbischof Anno II. den jungen deutschen König Heinrich IV. gefangen.
1074	In Köln scheitert ein erster Bürgeraufstand.
1096	Während des Ersten Kreuzzuges kommt es in rheinischen Städte zu Massakern an der jüdischen Bevölkerung.
1123	Gründung der ersten Zisterzienserabtei auf deutschem Boden in Kamp
1164	Der Erzbischof und Reichskanzler Rainald von Dassel überführt die erbeuteten Gebeine der Heiligen Drei Könige von Mailand nach Köln.

1225	Ermordung des bergischen Grafen, Erzbischof Engelbert bei Gevelsberg
1248	Grundsteinlegung des Kölner Doms durch Erzbischof Konrad von Hochstaden
1254	Der Rheinische Städtebund wird errichtet.
1288	Die Schlacht bei Worringen beendet die Vormachtstellung des Kölner Erzstifts.
1336	Dem Jülicher Grafen Wilhelm V. wird die Markgrafenwürde verliehen.
1339	Die Grafschaft Geldern wird Herzogtum.
1349-51	Auch am Niederrhein wütet die Pest.
1356	Durch das Reichsgesetz der „Goldenen Bulle" wird das Kölner Erzstift Kurfürstentum. Die Markgrafschaft Jülich wird Herzogtum.
1368	Die Grafschaften Kleve und Mark vereinigen sich.
1380	Der bergische Graf wird Herzog.
1388	Auf Beschluß von Rat und Bürgern wird in Köln die Universität errichtet.
1396	Mit dem Verbundbrief erhält Köln eine demokratische Stadtverfassung.
1407	Die Klevischen Städte Emmerich, Duisburg und Wesel gehören der Hanse an. (Rheinisches Drittel)
1417	Die Grafschaft Kleve wird Herzogtum.
1423	Das Herzogtum Geldern trennt sich von Jülich, mit dem es seit 1393 durch Personalunion verbunden war. Stattdessen werden die Herzogtümer Jülich und Berg vereinigt.
1444-49	In der Soester Fehde unterliegen der Kölner Erzbischof Dietrich von Moers und der geldrische Herzog Arnold der burgundisch-klevischen Allianz.
1472	Der burgundische Herzog Karl der Kühne annektiert Geldern.
1474/75	Karl der Kühne belagert vergeblich das kurkölnische Neuss.
1511/21	Die Vereinigung von Kleve-Mark-Ravensberg mit Jülich-Berg wird vollzogen.
1519	Die Grafen von Neuenahr-Ahrweiler erwerben Moers.
1529	In Köln wird der Reformator Adolf Clarenbach verbrannt.
1538	Nach dem Tode Karls von Egmont wird der Klever Jungherzog Wilhelm (der Reiche) zum Herzog von Geldern bestimmt.
1540	Anna von Kleve heiratet den englischen König Heinrich VIII. Ihre Ehe scheitert.
1542	Der Kölner Erzbischof Hermann von Wied versucht vergeblich, das Erzstift zu reformieren.
1543	Der „Vertrag von Venlo" beendet den Geldrischen Erbkrieg zwischen Habsburg und Kleve: Wilhelm der Reiche muß zugunsten Kaiser Karls V. auf Geldern verzichten, das nun dauerhaft in habsburgischen Besitz gelangt.
1552	Der flämische Kartograph Gerhard Mercator gelangt als Glaubensflüchtling nach Duisburg.
1560	Graf Hermann von Neuenahr führt in Moers die Reformation ein.
Ab 1568	Mit Ausbruch des „Achtzigjährigen Krieges" zwischen den Niederlanden und Spanien gelangen immer mehr calvinistische Religionsflüchtlinge nach Wesel und in andere klevische tädte.

1582	Der Kölner Erzbischof Gebhard Truchseß von Waldburg wird nach seinem Wechsel zum Protestantismus abgesetzt.
1583	Der bayerische Herzog Ernst ist erster Wittelsbacher Erzbischof von Köln. Der Kölnische Krieg bricht aus, der nach dem Rückzug Gebhards von Truchseß (1586) nahtlos in den Niederländischen Krieg übergeht.
1600	Nach dem Tode der letzten Moerser Herrscherin Walburga gelangt die Grafschaft in oranischen Besitz.
1607	Der Moerser Landesherr Prinz Moritz von Oranien erhebt Krefeld zur religiösen Freistatt.
1609	Mit dem Tod des letzten Klever Herzogs Johann Wilhelm I. beginnt der Jülich-Klevische Erbfolgestreit.
1614	Der Vertrag von Xanten beendet den Streit vorläufig: Jülich-Berg fällt an Pfalz-Neuburg, Kleve-Mark an Brandenburg.
1626	Baubeginn der „Fossa Eugenia" zwischen Rhein und Maas, die allerdings unvollendet bleibt.
Ab 1635	Der Niederrhein wird zunehmend in den Dreißigjährigen Krieg hineingezogen.
1640	Friedrich Wilhelm von Brandenburg, der „Große Kurfürst", tritt auch in Kleve die Herrschaft an.
1648	Im Westfälischen Frieden wird die Spaltung des früheren Herzogtums Geldern besiegelt.
1655	Gründung der alten Duisburger Universität
1666	Endgültige Beilegung des Jülich-Klevischen Erbfolgestreits
Ab 1672	Der Niederrhein wird in die Kriege des französischen Königs Ludwig XIV. und den Generalstaaten hineingezogen.
1679	Der Pfälzer Landesherr Johann Wilhelm II. – „Jan Wellem" – ist Herzog von Jülich-Berg.
1701	Der Spanische Erbfolgekrieg zieht das nördliche Rheinland in starke Mitleidenschaft.
1702	Nach dem Tod des englischen Königs und niederländischen Generalstatthalter, Wilhelm III. von Oranien, gelangt die Grafschaft Moers in preußischen Besitz.
1713	Durch den Frieden von Utrecht erhält Preußen den größten Teil des geldrischen Oberquartiers.
1716	In Ruhrort wird mit dem Bau eines Hafens begonnen.
1740	Zwischen Friedrich II. – dem Großen – und dem französischen Philosophen Voltaire kommt es zu einem ersten Treffen auf Schloß Moyland.
1741	Auf Geheiß des preußischen Königs werden Pfälzer Religionsflüchtlinge zwecks „innerer Kolonisation" auf der Gocher Heide angesiedelt.
1758	Bei Krefeld besiegt der im preußischen Dienste stehende Herzog Ferdinand von Braunschweig die Franzosen.
1794	Das linke Ufer des Rheinlands wird von französischen Revolutionstruppen besetzt.
1801	Im Frieden von Lunéville werden die linksrheinischen französischen Eroberungen völkerrechtlich von Kaiser und Reich anerkannt.
1803	Der Reichsdeputationshauptschluß bedeutet das Ende für das Kölner Kurfürstentum.
1806	Der Reitergeneral und Schwager Napoleons, Joachim Murat, wird Großherzog des neugegründeten Rheinbundstaates Berg.

1814/15	Zusammen mit dem übrigen Rheinland fällt der Niederrhein durch Beschluß des Wiener Kongresses an Preußen.
1822	Die preußische Rheinprovinz „Jülich-Kleve-Berg mit den Regierungspräsidien Aachen, Köln und Düsseldorf wird mit der südlichen Provinz „Niederrhein" vereinigt; Hauptsitz dieser neu-geschaffenen Rheinprovinz ist Koblenz.
1827	In Düsseldorf tagt der erste rheinische Provinziallandtag.
1837	Während der „Kölner Wirren" wird auf Geheiß der preußischen Regierung der Kölner Erzbischof Clemens August von Droste Vischering inhaftiert.
1840	Die „Rheinkrise" erregt die Gemüter am Niederrhein.
1848	Im Anschluß an die Märzunruhen kommt es vor allem in den rheinischen Städten Köln, Düsseldorf und Elberfeld unter der Führung von Marx, Engels und Lassalle zu revolutionären Aktivitäten.
Ab 1873	Im Kulturkampf brechen die konfessionellen Gegensätze zwischen der rheinisch katholischen Bevölkerung und der protestantisch preußischen Obrigkeit auf.
Ab 1878	Die Sozialistengesetzen führen zu einem Verbot sozialdemokratischer Aktion, langfristig aber zu einer Stärkung der SPD in den niederrheinischen Industriestädten.
1918	Noch vor Ende des I. Weltkrieges brechen Arbeiterunruhen und Streiks in den Städten an Rhein und Ruhr aus. Nach Unterzeichnung des Waffenstillstandes besetzten alliierte Truppen das Rheinland.
1919	Die proklamierte „Rheinische Republik" scheitert.
1923	Französische und belgische Truppen besetzen den Niederrhein und das Ruhrgebiet; separatistische Erhebungen finden keine Akzeptanz in der Bevölkerung.
1933	Nach der Machtübernahme der Nazis werden politisch mißliebige Bürger, Regimegegner und Juden zunehmend drangsaliert.
1936	Völkerrechtswidrig wird das Rheinland von Reichswehrtruppen besetzt.
9. November 1938	In der sogenannten „Reichskristallnacht" erreicht der antisemitische Terror mit dem Anzünden der Synagogen sowie der Plünderung von jüdischen Geschäften und Wohnhäusern einen vorläufigen Höhepunkt. Bis 1945 werden viele niederrheinische Juden in Konzentrationslager deportiert und umgebracht.
1939-1945	Die niederrheinischen Städte und Gemeinden werden vor allem in der Endphase des Krieges (ab 1943) zunehmend von Zerstörungen heimgesucht.
März/April 1945	Die Amerikaner überschreiten die Grenze und besetzen das Land. Sie werden bald von britischen Besatzungstruppen abgelöst.
18. Juli 1946	Durch Verordnung der britischen Besatzungsmacht werden die Rheinprovinz und Westfalen zum Land Nordrhein-Westfalen zusammengelegt.
1947	Karl Arnold (CDU) ist erster gewählter Ministerpräsident des Landes Nordrhein-Westfalen
1950	NRW erhält eine Landesverfassung.

1966	Heinz Kühn ist erster sozialdemokratischer Ministerpräsident von NRW.
1972/75	Durch die kommunale Neugliederung wird der Regierungsbezirk Aachen mit Köln zusammengelegt; eine Verringerung der Kreise und kreisfreien Städte soll die Effizienz der Verwaltungen steigern.
1980	Die SPD erringt die absolute Mehrheit und stellt mit dem Wuppertaler Johannes Rau den Ministerpräsidenten.
1995	Bei den Landtagswahlen erreichen die Grünen 10% und sind damit erstmalig an einer NRW-Regierung beteiligt.

Ortsregister

Literaturauswahl

Aubin, Hermann, u.a., Geschichte der Rheinlande von der ältesten Zeit bis zur Gegenwart, 2 Bde., Bonn 1922.

Barkhausen, Max, Aus Territorial- und Wirtschaftsgeschichte, Krefeld 1951.

Bodsch, Ingrid, Die Rheinlande. Ein Gang durch die Geschichte, Duisburg 1990.

Burkhard, Wolfgang, 10 000 Jahre Niederrhein. Kurzgefaßte Geschichte der Region Duisburg-Wesel-Kleve unter besonderer Berücksichtigung ihrer wirtschaftlichen Entwicklungen seit der vorgeschichtlichen Zeit bis zur Gegenwart, Kleve 1994.

Der Erste Kreuzzug 1096 und seine Folgen. Die Verfolgung der Juden im Rheinland, hg. v. der Evangelischen Kirche im Rheinland, Düsseldorf 1996.

Der Kulturraum Niederrhein. Von der Antike bis zum 18. Jahrhundert, hg. v. Dieter Geuenich, Bottrop 1996.

Der Niederrhein. Zeichnungen, Druckgraphik und Bücher aus der Sammlung Robert Angerhausen. Eine Auswahl hg. v. Städtischen Museum Haus Koekkoek, Kleve 1993.

Der Niederrhein zwischen Mittelalter und Neuzeit. Studien und Quellen zur Geschichte von Wesel, hg. v. Jutta Prieur, J.F.G. Goeters, Wesel 1986.

Die Rheinlande und Preußen. Parlamentarismus, Parteien und Wirtschaft, hg. von der Archivberatungsstelle Rheinland, Pulheim-Brauweiler 1990.

Engelbrecht, Jörg, Landesgeschichte Nordrhein-Westfalen. Stuttgart, 1994.

Faust, Anselm, Die Kristallnacht im Rheinland. Dokumente zum Judenpogrom im November 1938, Düsseldorf 1987.

Febvre, Lucien, Der Rhein und seine Geschichte, hg., übersetzt und mit einem Nachwort versehen von Peter Schöttler, Frankfurt/Main, New York, Paris 1994.

Först, Walter, Kleine Geschichte Nordrhein-Westfalens, Düsseldorf 1986.

Frankewitz, Stephan, Die geldrischen Ämter Geldern, Goch und Straelen im späten Mittelalter, Geldern 1986.

Geschichtlicher Handatlas der deutschen Länder am Rhein, 1950.

Graumann, Sabine, Französische Verwaltung am Niederrhein. Das Roerdepartement 1798-1814, Essen 1990.

Hirsch Helmut, Freiheitsliebende Rheinländer. Neue Beiträge zur deutschen Sozialgeschichte, Düsseldorf, Wien 1977.

Hövelmann, Gregor (Hg.), Juden in Geldern, Geldern 1982.

Ders., Niederrheinische Kirchengeschichte, Kevelaer 1965.

Jappe Alberts, W., Die Stellung Gelderns am Niederrhein, in: Niederrheinisches Jahrbuch. Beiträge zur Geschichte und Kultur des Landes zwischen Niederrhein und Maas Bd. VIII, Krefeld 1965.

Kastner, Dieter, Terunsky, Vera, Kleine rheinische Geschichte 1815-1986, Köln, Bonn 1986.

Klompen, Wilma, Die Säkularisation im Arrondissement Krefeld, Kempen 1962.

Krämer, Karl Emerich und Umscheid, Eva, Von Burg zu Burg am Niederrhein, Duisburg 1975.

Dieselben, Kirchen und Klöster am Niederrhein, Duisburg 1980.

Kurköln. Land unter dem Krummstab. Essays und Dokumente, hg. vom Nordrhein-Westfälischen Hauptstaatsarchiv (Düsseldorf), dem Kreisarchiv Viersen, dem Arbeitskreis niederrheinischer Kommunalarchive, Kevelaer 1985.

Land im Mittelpunkt der Mächte. Die Herzogtümer Jülich, Kleve, Berg, hg. vom Städtischen Museum Haus

Koekkoek (Kleve) und vom Stadtmuseum Düsseldorf, Kleve 1984.

La Roche, Sophie von, Niederrheinisches Tagebuch, hg. und eingeleitet v. Günther Elbin, Duisburg 1985.

Meyer, C. F., Ein Kriegsrat auf Dienstreisen, hg. und eingeleitet von Günther Elbin, Duisburg 1986.

Michels, Wilhelm, Sliepenbeek, Peter, Niederrheinisches Land im Krieg. Ein Beitrag zur Geschichte des Zweiten Weltkrieges im Landkreis Kleve, Kleve 1964.

Münch, Willi, Von Cäsar bis... rheinische Geschichtssplitter von 55 v. Chr. bis 1990, Köln 1991.

Nordrhein-Westfalen. Landesgeschichte im Lexikon, hg. v. den Staatlichen Archiven, Düsseldorf 1993.

Petri, Franz, Zur Geschichte und Landeskunde der Rheinlande, Westfalens und ihrer westeuropäischen Nachbarländer. Aufsätze und Vorträge aus vier Jahrzehnten, hg. v. Edith Ennen u.a., Bonn 1973.

Ders., Geldern und der nördliche Niederrhein im Wandel der niederländischen und deutschen Geschichte. Vortrag am 14. Oktober aus Anlaß des 150jährigen Bestehens des Landkreises Geldern, Geldern 1966.

Pohl, Meinhard, Die Geschichte des unteren Niederrheins bis 1814, in: Der Kreis Wesel, Stuttgart 1983.

Rheinische Geschichte (3 Bde.), hg. v. Franz Petri, Georg Droege, Düsseldorf 1978-1883.

Rheinland-Westfalen im Industriezeitalter. Beiträge zur Landesgeschichte des 19. und 20. Jahrhunderts (4 Bde.), hg. v. Kurt Düwell und Wolfgang Köllmann, Wuppertal 1983-1984.

Roden, Günter von, Das niederrheinische Land. Im Wandel der Geschichte, Duisburg 1968.

Schopenhauer, Johanna, An Rhein und Maas, bearbeitet und eingeleitet von Ernst-Edmund Keil, Duisburg 1987.

Wolf, Irmgard, Engelhardt, Manfred, Kleine Chronik der Rheinlande, Bonn 1994.

Bildnachweis

Bistumsarchiv Münster, Außenstelle Xanten
Seite 55

Regionalmuseum Xanten
Seiten 10, 11

Kreisarchiv Wesel
Seiten 20, 43, 48, 56, 76

Stadtarchiv Wesel
Seite 36

Stadtarchiv Duisburg
Seiten 27, 44, 45, 46, 52, 63, 71, 84

Stadtarchiv Krefeld
Seiten 15, 34, 38, 50, 59, 70, 74, 75, 78

Kreismedienzentrum Neuss
Seiten 19, 82 (Fotos Clemens Schelhaast)

Kreisarchiv Neuss
Seiten 31, 58

Rheinisches Bildarchiv Köln
Seiten 13, 24, 47, 612, 67

Ordensmuseum Kloster Kamp
Seite 22 (Ölgemalde nach A. Querfurth)

Mercator-Verlag, Duisburg
Seite 28

Stiftung Museum Schloß Moyland
Seite 83 (Foto Stefan Möller)

Weitere Bücher der Reihe „Niederrhein erleben"

Jürgen Lenzen / Huber Röser
Schöner Niederrhein
Eine Bilderreise von Duisburg nach Kleve, 2. Auflage 1996
84 Seiten, 58 Farbfotos, ISBN 3-87463-173-7

Hildegard und Gerhard Feltgen
Zeugen am Wege
Heiligenhäuschen und Flurkreuze
108 Seiten, über 100 Fotos, ISBN 3-87463-154-0

Hartmut Friesen
Räuberbanden
Diebestouren, Gaunerzinken und Bockreiter
68 Seiten, 35 Abbildungen, ISBN 3-87463-194-X

Bernhard Gondorf / Werner Otto
Burgen und Schlösser
Höhepunkte niederrheinischer Baukunst
84 Seiten, 62 Farbfotos, ISBN 3-87463-172-9

Michael Brocke / Hartmut Mirbach
Grenzsteine des Lebens
Auf jüdischen Friedhöfen am Niederrhein
92 Seiten, 52 S/W-Fotos, ISBN 3-87463-145-1

Wolfgang Fröde / Susanne Bartsch / Josef Bieker

Windmühlen

Im Wandel der Jahrhunderte
84Seiten, 38 Farbfotos, ISBN 3-87463-153-2

Erich Staudt

Kopfweiden

Herkunft – Nutzung – Pflege
2. Auflage 1991
84 Seiten, 60 Farbfotos, ISBN 3-87463-147-8

Rolf Purpar

Naturpark Schwalm-Nette

72 Seiten, 48 Farbfotos, ISBN 3-87463-164-8

Hildegard und Gerhard Feltgen

Aus alter Wurzel

Schützenwesen am Niederrhein im Spiegel der Zeiten
72 Seiten, 29 Abbildungen, ISBN 3-87463-187-X

Hartmut Friesen

Landleben

Die Geschichte einer niederrheinischen Bauernkate
68 Seiten, 43 zum Teil farbige Fotos, ISBN 3-87463-155-9